国家社会科学基金“十三五”规划 2020 年度教育学一般课题
“历史文化视域下的师德建设长效机制研究”系列成果之一
（课题批准号：BEA200117）

全面育人
班级教育关系的重建

齐学红　主编

QUANMIAN YUREN
BANJI JIAOYU GUANXI DE CHONGJIAN

南京师范大学出版社

图书在版编目(CIP)数据

全面育人:班级教育关系的重建 / 齐学红主编. --
南京:南京师范大学出版社,2022.6
ISBN 978-7-5651-5172-9

Ⅰ. ①全… Ⅱ. ①齐… Ⅲ. ①中小学—班级—学校管理 Ⅳ. ①G632.421

中国版本图书馆 CIP 数据核字(2022)第 001561 号

书　　名	全面育人:班级教育关系的重建
主　　编	齐学红
策　　划	姜爱萍
责任编辑	仝玉林
出版发行	南京师范大学出版社
地　　址	江苏省南京市玄武区后宰门西村 9 号(邮编:210016)
电　　话	(025)83598919(总编办)　83598412(营销部)　83598009(邮购部)
网　　址	http://press.njnu.edu.cn
电子信箱	nspzbb@njnu.edu.cn
照　　排	南京凯建文化发展有限公司
印　　刷	兴化印刷有限责任公司
开　　本	718 毫米×1000 毫米　1/16
印　　张	15.75
字　　数	240 千
版　　次	2022 年 6 月第 1 版　2022 年 6 月第 1 次印刷
书　　号	ISBN 978-7-5651-5172-9
定　　价	68.00 元

出 版 人　张志刚

班级管理体制改革对中国基础教育生态的改造*

（代序）

在我的心目中，南京外国语学校仙林分校（简称“南外仙林分校”）一直走在中国基础教育改革的前沿。对于很多老师而言，可能很难将班级管理体制改革与基础教育改革相提并论，很难站在南外仙林分校和镇江市润州区的角度来思考此项改革的意义和价值，但我希望大家能从改革当事人的角度来思考这样一项改革。

今天下午三个小时的专题报告，让我们看到在整个基础教育领域偏重学科教学、偏重知识追求的背景下，一所学校七年的奋斗历程。这也许是一个孤单之旅。在南外仙林分校改革的基础上，我们又看到了润州区在最近两年时间内对南外仙林分校改革的积极回应。这样一种声音放在整个中国基础教育背景下可能显得有些单薄，但是它给我们呈现了学校德育工作和班主任工作广阔的发展前景。这两地的改革遥相呼应，虽有时间和空间的距离，但在一些方面是有共同之处的。共同之处在于，来自南外仙林分校和润州区的每一个改革者，从老师到学校，到整个区，大家对教育都有着共同的内在情怀，有着对自己教育理想的追求，以及求真务实的态度。

今天的会议不是教育成果经验的介绍，而是他们非常坦诚地把改革之旅和心路历程，把他们面对的困惑和问题，一一呈现在每个人面前。这份真诚让每个

* 本部分原文为齐学红 2015 年 12 月 4 日在“立德树人背景下班级师生共同体的构建”高层论坛暨江苏省教育学会班主任专业委员会第七届年会上所作的点评。

人感动。学校和区域的改革永远是一个开放的文本，值得我们从理论的角度、实践的角度不断去对这个文本进行解读和学习。

班级管理体制改革的内容非常丰富，值得我们从理论和实践两方面去深入挖掘其中的意义和内涵。关于这项改革，我在此先做以下几个方面的简单回应。

一、班主任制度是教育全球化背景下的中国特色，也是教育改革的中国经验

今年我思考比较多的问题是关于班主任制度的。我的一篇文章的标题就是“班主任制度与班主任教师的身份建构”①，文章阐述了中国的班主任制度建构了一个怎样的教师角色和身份。这个作为改革对象的班主任制度，叫班主任负责制。在班主任负责制下，建构了两种截然不同的教师身份，一个是作为班级主任教师的班主任身份，另一个是游离于班级教育之外的学科教师身份。班主任制度人为地把教师分为负责学生全面教育工作的班主任教师和单纯从事教学工作的学科教师，这个制度本身就是有局限性的。放在整个基础教育大的制度背景下来看这两地的改革，它的意义远远不限于班级管理体制改革本身，而是对整个中国基础教育生态的改革。

二、班级管理体制改革是学校管理体制上的创新

班级虽然是学校教育中最小的单位和载体，但对班级进行改革，会涉及学校教育整个的组织文化和组织制度。我认为这项改革是一个综合性的改革，也是一项系统工程。通过今天上午的几个发言，即来自学生、家长、教育小组组长、教育小组成员的发言，你会发现这样一个改革已经渗透到教师和学生的日常生活当中，而最难的改革往往是对我们工作方式和生活方式带来的变革。所以，我把这项改革理解为学校管理体制的一项综合改革。这项改革的意义要把它放在中国基础教育改革的背景下来认识。我非常赞同钱铁锋校长的一个理论观点，即对教育当中存在的二元论的批判。我们一方面看到学科教学方面的分化越来越细致，考试压力不断加剧，学生生存状态不断恶化，在分科教学这条道路上，我觉

① 齐学红.班主任制度与班主任教师的身份建构[J].班主任，2015(10)：5－9.

得我们已经走到了极限。但是另一方面，教育中的另外一种生态——学校德育工作、班主任工作，这方面的改革才刚刚起步。谁来思考将学校德育工作、班主任工作与学校整体发展结合起来这样一个问题？我觉得一定是一群有责任、有担当的改革者。他们对教育的本质属性有着敏锐的把握，敢为人先地思考我们整个基础教育中完全被人忽视、漠视的教育整体性问题。因为德育工作、班主任工作在思维方式和方法上与学科教学是不一样的，从这个意义上，我也理解这项改革的艰难之处。我们如何走出应试教育，涉及从教师思维方式到教师行为方式的转变，这是对基础教育整体格局的大改造。

在此项改革中我们看到了非常希望看到的一种教育生态。学校、家庭、社会，共同参与学校教育，其意义应该放在教育民主化进程中来思考。中国教育的民主化进程是一个非常漫长的过程，教育的民主化从哪里起步呢？我觉得班级管理体制改革是一个突破口。在这几个发言中，我们看到了学生、家长、学科老师，他们都在班级这样一个共同体下发出自己的声音，面对班级，他们畅所欲言，有话可说，有话能说，而不是只有学校、教师拥有话语权。这样一种教育生态在班主任负责制下是很难看到的。

如果我们把改革之前和改革之后做一个比较，可以把班主任负责制理解为班主任老师与学生之间是单向度的关系，即一个班主任面对班上的所有学生。一个老师即使用他所有的时间，也无法兼顾到班上这么多孩子的发展，所以，单向度的关系是没有办法解决学生发展问题的。因此，很多教育改革的口号和理念没有办法做到实处。而班级教育小组改变了班主任负责制下班主任老师和学生之间单向度的关系，与一个班级几十个孩子相对应的是一个教育者的团队。通常认为的班集体是一个学生的集体，我们教育者是不是也应该组成一个集体呢？在班级教育小组里，老师、学生、家长，甚至生活老师，全部参与到教育中，这样的关系才是平衡的，否则，仅靠班主任一个人如何去面对这么多的学生和家长？这是在班主任负责制下无法实现的教育目标。在这个意义上，班级管理体制改革找到了当下解决教育现实问题的一个非常好的抓手。

从润州区推进班级管理体制改革的实践中，我们发现，完全依靠自下而上式的改革是难以行得通的，润州区的改革给我们提供了一个非常好的示范。假如教育主管部门的领导能像润州区的领导一样，像抓教学一样来抓德育，我想德育发展的空间同样是非常大的。众所周知，只要学校德育工作面貌改变了，整个学校老师和学生的精神面貌一定会有一个非常大的改观。另外，润州区在这么短的时间内全面推行班级管理体制改革，不仅没有影响到润州区的升学成绩，而且升学成绩还一路飙升，处于镇江市的领先位置。我想这也是在座的很多老师关心的。润州区两年的改革实践告诉我们，在德育方面的改革不仅不会影响学校的升学成绩，反而会不断地促进成绩的提高，因为只有从学生的内在动力、动机方面促进学生的发展，才具有可持续性。

三、 德育改革为基础教育改革释放了广阔的空间

通过德育改革推动学校整体水平的提高，这样一种自上而下的改革，无论是来自区域教育主管部门的，还是学校行政力量的推动，都会释放出非常大的改革空间。前面的发言呈现了改革中教师心态的变化：从被动的、消极的心态到开始主动思考班级教育中的很多问题。这样一种生态是我们非常希望看到的。一个好的制度诞生后可以激发每一个人内在的潜能。当然有一个前提是，对家长、学生、老师要充满信任。润州区在推进这项改革时，作为教育局的领导在顶层设计时可能完全没有想到，在实践中有这样丰富的实践智慧，在牵手学生制度中，在家长志愿者制度中，改革把整个润州区的德育工作、学校的德育工作盘活起来了。我想这就是我们每个人心目中渴望的改革，它一定能使每个人的潜能得到更好的发挥。

所以，江苏省教育学会班主任专业委员会的年会把这样一个话题，把这样一个研究的现场放在南外仙林分校，是有我们的一份思考的。我们应该始终关注基础教育改革、班主任改革、德育改革中的前沿性问题。南外仙林分校和润州区的班级管理体制改革遥相呼应，从某种意义上也是对我们理论工作者的肯定。我们看到了在教育理论和教育实践之间有着广阔的对话空间，我们在做真教育时有很多共同的语言。

今天我也感到非常幸福，因为我们南京师范大学班主任研究中心能够见证

南外仙林分校的改革，又能看到润州区的改革，也许在不久的将来，这个雪球会越滚越大。我非常看好这项改革，一项改革能走得长远一定是要符合教育规律的。我们可以在这里展望十年、二十年以后我们孩子生存状态的变化，老师们有了自觉的从教书者到育人者角色的转化，我们自己真正做成了一个教育人。让我们真正履行做一名教师的责任和使命，在改革中让每个人都能体会到教育的幸福。

目 录

第一章

理论基础：教育力与教育关系命题的提出

班级管理体制改革是建立在钱铁锋校长提出的教育力与教育关系理论命题基础之上的，是对于教育规律和学生身心发展规律的自觉遵循和实践创新。作为基层学校的实践创新之举，它为班主任专业化的理论研究与实践创新提供了源头活力。

01

教育力与教育关系的概念界说*

经济基础决定上层建筑。学校是社会的组成部分，首先受到经济基础的影响和制约。所以，学校很多教育行为可以和经济学联系起来，这样学校的教育行为才是有根基的。教育和其他产业一样有自己的特点。现在的教育从教育学理论和教育实际操作的角度看是静态的，各个板块之间，德育工作、教学工作、管理工作是孤立的。凯洛夫的教育学或其他教育学，大体上也是这样。我们就要思考，教育既然是一个行业，它有没有行业内在发展的规律？对这个规律我们怎么去认识？经过几十年的教育实践[包括在南京外国语学校（简称“南外”）和南外仙林分校的实践]，我触摸到了教育应该有的规律。教育既然属于第三产业即服务业，应具有类似于生产力与生产关系的运作机制，我们把它称为教育力与教育关系。

作为一个行业，教育是如何运作的？这是教育界的智者应该深入思考的大问题。我们做任何工作都应该知道它是如何运作的，比如做农业工作，就应该知道农业是怎么运作的，农业生产力和生产关系之间是怎样一种互动关系；比如工

* 选自南外仙林分校原校长钱铁锋 2011 年 2 月 12 日在南外仙林分校为全校教师所作的学术报告，有改动。

业领域，我们也应该知道工业是怎么运作的，它也是受生产力和生产关系理论支配的。其他行业，包括教育，我们都应该思考行业运作的内在机制，这样我们才能比较深刻地领悟该行业的特点，在做实际工作的时候才会游刃有余，高瞻远瞩。所有的行业都有其自身的运作规律，我们先来看看其他行业的运作。

一、生产力与生产关系

（一）产业的概念

纷繁复杂的大千世界是一种什么样的结构？我们把三百六十行梳理一下，其实就是三个产业。第一产业——农业，这是人类最早出现的产业。农业其实是一个大的范畴，广义的农业包括农业、林业、牧业、渔业、副业。当然还可以再列举一些，但是比较大的是这五个行业。第二产业——工业，这是在农业之后特别是工业革命之后出现的。工业是一个泛称，包括采掘业（开采煤炭、石油、天然气、铁矿、有色金属等的行业）、制造业、建筑业等。其中制造业非常广泛，包括重工业（生产生产资料的行业）、轻工业（生产消费资料的行业）以及其他门类，合起来统称制造业。中国被誉为世界工厂，就是指中国在全世界承担了相当份额的制造业的任务。第三产业——非物质生产部门，主要指流通部门和服务部门。第一、第二产业是物质生产部门，是生产物质产品的，剩下的门类繁多的全归为第三产业，称为非物质生产部门，具体包括：

（1）运输、通讯、商业、饮食、物流、仓储——流通部门，本身不生产产品。

（2）金融、保险、房地产、公用事业、旅游、咨询信息服务、技术服务——为生产与生活服务的部门。

（3）教育、文化、新闻、出版、科技、卫生、广电、体育、社会福利——为提高科技文化和居民素质服务的部门。

（4）国家机关、政党、社团、军警——为社会公共需要服务的部门。

看一个国家是否发达，主要看第三产业发展得如何，所占比重如何。落后国家第一产业所占比重最大（即农业占比最大），稍微进步一些的国家第二产业所占比重比较大。最近的一百年，特别是近四五十年，第三产业开始迅猛发展。所以看一个国家发达的程度是看它第三产业占的比重，如果占比相当大，那么这个国家就是很发达的。按照这样的产业结构来看，中国现在还不是很发达。我们的三大产业的占比相差不多，与很多国家相比，第一产业占比比较大，第二产业占比稍大，第三产业发展还不够。所以我们其实还不是一个发达国家，还属于发展中国家，只不过因为人口众多，GDP 的份额很大，所以在世界上看起来地位突出，但若看人均 GDP 我们还比较落后。

（二）生产力与生产关系

（1）生产力是指人类社会征服自然、改造自然以获得生活资料、生产资料及繁殖人口的能力。

生产力包括以下三个方面：

① 劳动者：工人、农民等。

② 劳动资料：工具、设施、能源、图纸、工艺、流程、科学技术等。

③ 劳动对象：原材料、土地、种子等。

三者以一定的方式结合起来，即劳动者使用劳动资料作用于劳动对象，形成生产关系，就能进行生产，产生生产力。这样的结合不是简单的结合，有一定的内在联系，以第一产业为例，农民（劳动者）使用锄头（劳动资料）去种地（劳动对象），这样就产生了农产品；在工业生产中，工人开动机器作用于原材料，就产生了工业产品。这个世界的物质产品就是由这三个要素结合起来创造出来的，这就是生产力。

（2）生产关系是人们为了生产借助生产力三要素建立起的一种社会关系。

为了进行生产，就要把劳动者、劳动资料、劳动对象三者结合起来，就必须建立一种社会关系，这种关系就叫生产关系。具体包括以下三个方面：

① 生产资料所有制关系。

② 生产中人与人之间的关系（家庭关系）。比如奴隶社会，奴隶主完全占有奴隶，完全支配其人身自由；在封建社会，地主部分占有农民，农民把生产出来的绝大部分物品交给地主，自己只留一小部分；资本主义社会采用的是一种交换关系，看似公平，但其中有很多不公平的东西存在。在生产中人与人之间形成一种支配和被支配的关系，同时劳动者之间也存在着合作关系。

③ 分配关系（交换关系），即产品是如何分配的。在奴隶社会，产品全部归奴隶主所有，只给奴隶一些最低的生活资料以维持生存，然后继续为奴隶主工作；到了封建社会（欧洲称为中世纪），产品大部分交给地主，自己留一部分（一般来讲也是不够的）；现代社会的交换关系，看起来比较公平，实则不然，比如打工者讨薪事件就是在分配关系中出现的比较突出的问题。

生产关系中包括这样三个环节，有了这三个环节才可能去进行生产，继而才能生产出相应的产品，人才能获得消费资料，才能生活下去。任何社会都必须有生产力和生产关系，两个方面结合起来，整个社会才能正常运作。

(3) 生产力与生产关系的关系。

首先，生产力决定生产关系。有什么样的生产力，就有什么样的生产关系。生产力决定了生产关系的性质。原始社会的人们使用石器，生产的产品往往是不够的，所以就要平均分配，当时的生产力水平决定了生产关系必须是平均分配，整个团体、人群都要共同努力工作，否则是很难维持生存的。奴隶社会有了青铜器，比石器先进一点，生产力高一点，但仍然是比较低下的。奴隶主享有更多的资料，奴隶被迫拥有很少的资料。整个社会的产品仍然不丰富，决定了奴隶社会的生产关系。封建社会的人们主要使用的是铁器。到了近代市场经济社会，生产力的标志是机器大生产，当然现在出现了计算机等更先进的生产工具，这就决定了现在的生产关系和过去有着相当大的差别。在我们整个社会出现了多种形式、多种维度的关系，诸如国有、民营、公私合作、中外合作、股份制等各种所有制关系。生产力发展决定了生产关系一定要和生产力相匹配，否则生产关系就会越来越表现出落后性。

改革开放之初，生产力的发展要求生产关系与之相适应，但当时的生产关系还是一种平均分配的生产关系。从农村到城市，都是公有制一统天下。这种生产关系已经不适合生产力的发展，必须改变，于是在农村出现了家庭联产承包责任制，在城市里也出现了小型的私有企业。一开始私有企业雇工不允许超过七人，否则就算是资本主义，但后来这种界限逐渐被改变，私有企业规模越来越大，多种经济成分在中国开始出现。这个多种经济成分就是当时的生产力迫使生产关系做出的新改变，否则中国的生产就发展不上来。从这个角度可以理解生产力决定生产关系，包括它的性质、发展和变革。生产力处于不断发展过程中，相对比较活跃；而生产关系相对稳定，只有在生产力迫使它改变的时候才改变，随后因适应了生产力的发展而进入了一个相对的稳定期，同时促进生产力的发展，然后到了一定阶段又不适应了才再改变。

其次，生产关系对生产力有反作用。生产力决定生产关系，从这个角度上讲，生产关系比较被动。但生产关系的改变也会反过来对生产力有作用，如果适应，就会促进生产力的发展；如果不适应，就会阻碍生产力的发展。1949 年新中国成立到 1956 年，社会发展也存在“七年之痒”。1956 年出现了农业社，1958 年出现了人民公社，生产关系走上了一条错误调整的发展阶段。所谓人民公社就是吃“大锅饭”。我们这一辈人参加过人民公社的劳动，那个时候是以一个生产队为单位，男女劳动力根据体力不同被安排到不同地方干活，并按男女实行平均分配。这样的生产关系严重阻碍了我国农业的发展。那时候一些家庭还有少量的自留地，我们观察到农民在给生产队干活的时候挑担子只挑八九十斤，但一回到自己的小自留地上能挑两百斤左右。由此可见，不同的生产关系所激发出的人的积极性是不同的，这就可以理解为什么实行家庭联产承包责任制之后劳动生产力大幅度提高，国家农业大丰收。人的积极性说到底和生产关系的调整，再上升一点说，和我们国家的改革息息相关。由此可见，生产关系对生产力所起的作用何其大。

二、 教育力与教育关系

教育既然是第三产业，就应具备类似于第一、第二产业的运作机制（生产力与生产关系的矛盾运动），我们可称之为教育力与教育关系。

（一） 教育力的构成要素

教育力是指人类社会通过教育过程，使受教育者（学生）素质全面提升的能力。这一概念和生产力的定义是一脉相承的。这一定义出现之后，大家会发现"唯升学率"是何等荒谬，因为教育不只是使学生的应试能力得以提高。我们也可以把教育力理解为学校教育的总体实力（教育的总体力度与教育的总体效能的统一），是学校教育水平和教育质量的综合体现。这样就更能看出应试教育是何等偏激，它只是攫取了教育力很少的维度，并且主要是看后果，前面的力度却看得不清楚。

教育行业由很多元素组成，比如德育、智育、体育、美育、心育等；学校工作中有教科书、教学大纲、教学用具、投影仪、黑板、粉笔等元素。这些涉及很多维度，如果按照生产力的三个要素来分，就是劳动者、劳动资料、劳动对象。

（1）劳动者：教师（泛指）、管理者。劳动者的素质可以分解为思想理念、理论修养、文化知识、道德水准、技术能力、人际沟通能力等。

（2）劳动资料：粉笔、黑板、教具、实验仪器、投影仪、文体器械、校舍等，课程、课标、教材、教参、校历、作息时间表、检测、教育方法、教科研等，这些都是劳动资料，和生产资料其实是差不多的，只不过具有教育本身的特点。

（3）劳动对象：学生。与第一、第二产业的劳动对象（物质产品）有三大不同：一是学生是活生生的生命，与第一、第二产业的物质产品有很大不同。既然是生命体就要受到新陈代谢的支配，该学习多少时间、休息多少时间、娱乐多少时间都有规律。二是学生有鲜明的个性。世界上没有任何两片树叶是相同的，所以学生的个性各不相同，而物质产品是由机器生产出来的，基本都是一个样。目前的教育不管学生什么个性，统统用一个标准衡量，就像在流水线上作业一样。这样去做教育，就忽视了教育行业劳动对象的第二个特点。三是学生有主观能动性。如果我们忽视学生的主观能动性，不能将这些主观能动性充分调动起来，教育效果就会非常差。教师要求学生老老实实地听话服从，不许乱说乱动，不鼓励表达不同意见，什么都是教师包办代替。这一问题在家庭教育中也极其突出，父母做了很多包办代替的事情，没有把孩子的主观能动性调动起来。其实家庭教育和学校教育是一样的，要让孩子自己成长起来，如果不给他实践的机会，不把他的主观能动性调动起来，这个孩子将来很难有大的成就。我不止一次讲过，中国的孩子摔倒了总会有家长把他们扶起来，而在欧美国家都是让孩子自己爬起来，这样他才能学会自立，否则在孩子心目中就产生了一种定式："如果我摔倒了，肯定有父母或其他人把我扶起来，所以我自己可以不努力。"如果我们什么都是包办代替满堂灌，学生什么时候才能成长起来呢？他们的主观能动性什么时候才能发挥出来呢？这样培养出来的学生就非常被动，所学知识不会迁移，不善于跟别人打交道。因此，教师、家长不能代替学生成长。

（二）教育力的分析维度

从教育行业的角度理解教育，教育力通常分为五个维度：

(1) 教育思想与学校文化（劳动者、劳动对象）。

此维度是指教师和管理者具备什么样的教育思想，学校文化被每一个人接受了多少、内化了多少。这个主要指劳动者，当然也包括学生（劳动对象）。

(2) 教师素质与学生素质（劳动者、劳动对象）。

教师素质越高，学校教育力水平越高。学生素质越好，学校质量也会越好。为什么大家要把紧招生关、争取优秀的生源？为什么要把紧招聘关、引进优秀的教师？为什么要加强队伍建设、提高教师素质？为什么要全面实施素质教育、提高学生的素质？这些都是从教育力中劳动者、劳动对象这两个维度来考虑的。

(3) 资金与设施(劳动资料)。

一所学校的经费越充足，其教育力越强。当然经费还涉及如何使用的问题。巧妇难为无米之炊，如果我们没有充足的资金，不能给广大教师较高的待遇，学校没有比较先进的设施和设备，我们就很难对学生进行很好的教育。所以这也是教育力的一个维度。

(4) 课程计划与课程标准(劳动资料)。

这相当于第一、第二产业中的图纸、工艺和流程。尽管现在的课程计划有很多不合理的地方，重理轻文，但相对而言还是科学的。课程标准强调三维目标——知识与技能、过程与方法、情感态度与价值观，这些都必须做到。在工厂要按照图纸、工艺、流程去执行，不能打折扣。但是一到教育，很多管理者和教师就没有这个概念。课程设置很多都不考虑课程计划，对升学考试考查的内容拼命加课，对不考的内容就把课时砍掉甚至不上，这样学生的知识结构就会产生很多问题，形成"先天不足"，有些方面比较好，有些方面比较差，知识结构不合理，这样培养的学生将来水平就比较低。如果只考虑课程标准的第一个维度(知识与技能)，教出来的学生也就是在这个维度上可能好一点；没有第二个维度(过程与方法)去参与，会影响知识与技能维度的提高；如果不去关注第三个维度(情感态度与价值观)，这样我们培养的学生可能在情感态度与价值观方面要出问题。所以课程计划和课程标准都必须严格遵守。

(5) 教育方法与教育科研(劳动资料——科学技术)。

各学科教师在师范院校只是学到了基本的专业知识，并不知道全面的教育具体怎么去做。因此要成为优秀的教师不但功底要好，而且要经常地考虑并选择合理、科学的教育方法，整个学校更是如此。现在已经到了科学技术决定生产力，即教育科研决定学校教育质量的阶段。如果我们只是感性地通过一次次重复去做事情而得到提升，那么这只能叫经验。注意学习、思考、调研、实践，寻找整个教育活动中的一些规律，这才是教育科研的使命。找到这些规律再去工作，会使工作游刃有余。

在此基础上，我们将教育力定义为：教育者(教师、管理者)在一定的意识驱动下（教育思想、学校文化），依据课程计划与课程标准，运用教学设施和相应教育方法，对教育对象（学生）实施系统影响的过程与效果。

（三）教育关系的构成要素

教育关系是借助教育力的五要素而建立起的一种社会关系，或教育行为运作的外部关系，以及教育者工作的客观驱动机制。教育关系的构成包括三个维度：

（1）学校体制与办学环境。

办学形式：目前我们国家90%以上的基础教育是国有的，只有不到10%属于民办教育（包括私有的以及股份制学校等）。我们不能把民办学校和私立学校画全等符号，私立学校只是民办学校的一种类型。除了公、私之外，还有很多跨公、私的形式，像我们这样股份制的学校有公也有私。所以在判断学校性质的时候不能绝对，不要用形而上学的观点来看。办学形式本身不是体制，但二者属于同一个范畴。这不涉及学校的教育力水平，但因办学形式不同带来的效果也会不同。比如国际合作办学也是我们办学形式的创新，正因为有这样的办学形式和外语特色，所以我们可以将600—660分之间的二本有效人群以外的学生近乎百分之百地推入国际一流大学，这就是我们合理、科学的办学形式。

学制：现在我们国家主要实行"6＋3＋3"学制，小学、初中、高中分开。原来不是如此，以前还有很多的完中（初、高中在一起），也有一些实行"9＋3"学制的学校，但到了20世纪90年代，为了做大做强，我们开始把学校完全分成三段，将小规模学校进行合并。做大之后，学制就不太合理。因为截然分成三个学段，"小升初"时大家挤破头要去好的学校，到了初三迎接中考时又要反复地复习、"炒冷饭"，整个教育效益下降，这些都是学制不合理带来的问题。

办学规模：不是规模越大越好。世界上经济发展水平很高的国家，学校规模都是比较小的。恰恰是在一些不太发达的国家或地区的学校规模很大。贪大是小生产者的一种内心诉求，其实关键在于做精。

办学环境：要有好的内部环境，也要有好的外部环境。如果这些内外环境考虑不周全，会对学校发展造成很大影响。比如内环境，股份制学校如果和股东单位关系处理不好，就会带来很多不必要的麻烦，就会使我们的办学受到很大阻碍；像外环境，单单是报纸上的一篇负面文章就会使学校受到很大的伤害。

（2）管理体制与管理方式。

管理体制和管理方式与教育力本身是没有什么联系的，但同样的教师和学生，如果机构设置不合理，管理体制不合理，规章制度不合理，可能会使教育水平上不去。它不涉及教育力问题，是教育关系的问题。

（3）评价制度与分配制度。

学生该如何评价？成绩好就是好学生，这是失之偏颇的。这种对学生不科学、不合理、不公正的评价，不能够调动大部分学生的积极性。只以升学率来看，认为所教学生升学率越高的教师就是好教师，显然是非常片面的。在分配制度上，南外仙林分校是结构工资制，而很多学校的分配制度是“大锅饭”式的，这样的分配制度怎么能调动教师的积极性呢？因此评价制度、分配制度是非常重要的，这也是教育关系。

教育关系这三个维度都无关于教师和学生水平，但任何教育行为都离不开这三个维度。如果不关注这些，教育关系就会是低水平的。反言之，如果在教育关系的这些方面处理得比较好，能够调动大家的积极性，管理得法，机构设置合理，学校是法治而非人治，学校的内外环境都比较好，就会使学校质量和教育效果在相同生源、相同师资水平的情况下得以大幅度提高。

02

教育力与教育关系的理论意义与实践价值

一、理论意义

1. 揭示了学校教育运作的内在矛盾

以往的教育只在静止、割裂的状态下研究和运作，比如单独研究德育工作、教学工作、后勤工作等，不是将它们联系起来作为教育力的整体来研究；不去考虑今天这样做，将来又该如何做；静止地研究教育质量应该如何提高，而不是从动态的角度。教育力和教育关系理论告诉我们，研究教育活动应该放在教育力的全面联系中，而且要从发展的角度研究教育力和教育关系的矛盾运动。教育力发展了为什么质量上不去？可能是教育关系方面出了问题。于是我们来调整原来的关系。调整以后教育力往前发展，过了若干年，这样的关系又不大合适了，又要改变。教育就是在这样一个动态的过程中去发展，没有终止。因此教育力与教育关系理论阐明了教育的内在有机联系和动态发展，从而揭示了学校教育的内在矛盾和运作规律。

2. 使学校教育实践充满活力

建立在教育力与教育关系理论基础上的学校教育实践将使学校充满活力，

使教育不再滞后，从而使教育的发展赶上国家经济和社会的发展。我们现在的教育与国家经济、社会的发展相差太大，如果所有学校都在教育力和教育关系的理论基础上去做，以这样的理论指导我们的实践，教育将会非常有活力，教育将是一件非常有意思的事情。

3. 成为中国教育改革的主旋律

教育力与教育关系的内在规律是客观存在的，我们现在已触其脉搏。这一理论必将为越来越多的地区和学校所掌握，成为中国教育改革的主旋律。我们相信，随着教育力与教育关系理论影响的逐步扩大，整个中国教育改革会逐渐走上正确的轨道。

二、实践价值：教育力与教育关系的矛盾运动推动学校发展和教育进步

1. 从以升学率为中心到以教育力为纲，是学校教育科学发展的必由之路

(1) 学生发展的规律要求学校必须全面实施素质教育。学生发展是德、智、体、美、劳诸育的全面、协调发展，学校教育必须与之相对应。要求发展学生的全面素质，教育方式要与之相对应。

(2) 达到教育力标准，实际上是教育的回归。教育的宗旨是全面优化人的素质，传承人类文明。基础教育绝不是应试教育，而应是素质教育，我们提出教育力的标准，其实是把素质教育量化、分解，实现教育的回归。

(3) 提高办学质量就是要全面、大力提升教育力的各个方面，而不是只抓住其中一部分。

2. 调整教育关系，实现学校教育从计划经济到市场经济体制的转型

(1) 学校教育体制仍然是计划经济的体制。

1949 年之后的很长一段时期，我们的政治、经济体制都是参照苏联模式，教育也是如此。整个教育体制包括学校设立、校长任命、编制确立、课程计划、评价制度、考试制度、分配制度都由政府说了算。如今社会包括整个经济体制已经转

型，但是教育领域中除了教师聘用实现双向选择，其他大都没有改变，严重滞后于社会的发展。

（2）提升学校办学质量，要关注教育关系。

教育关系必须适应教育力的发展。现在办学体制、管理体制、评价制度都不符合市场经济发展的需要，不能促进学校教育力水平的提高，因此必须改变以适应教育力的发展。绝大部分办学者对教育力还是比较关注的，但看不到教育关系在提高学校办学质量中的重要作用。因此提升学校办学质量，要关注教育关系。调整这些关系，比如调整教育体制、机构设置、管理方式（如班级管理体制改革）、分配制度、评价制度，用恰当的管理方式把各种资源有效地配置起来，就会提高教师的积极性，提升学校办学质量。

（3）调整学校教育关系。

总的来讲，我们现在的教育制度有不合理之处，所以我要呼吁调整学校教育关系。如果以后绝大部分学校调整得比较合理了，可能今后只是对教育关系的某些环节、某些方面进行微调，而不是大的调整。现在整个国家的教育体制还是有不合理之处的，所以要调整。强调一点，教育关系无所谓先进，最主要是要“适合”教育力。因为不适合所以要调整，调整适合了就可以了。

03

南外仙林分校提升教育力、调整教育关系的具体实践*

在教育力与教育关系的理论指导下，南外仙林分校有意识地开展了一系列的改革实践，下面主要介绍学校提升教育力、调整教育关系的具体实践。

一、提升教育力的教育实践

（一）办学思想和办学文化

（1）素质教育的办学理念。

我们的教育宗旨是“做学生将来进入市场能适应、能发展的教育”，通过教育使学生素质得到全面优化，将来进入市场能适应、能发展。今后的一二十年，我们要有这样的预测能力。市场的需要就是我们教育的信条，而不只看升学率。我们要办向人民负责的教育，向学生的终身发展负责，向家庭的长远幸福负责。

---

* 选自钱铁锋 2011 年 2 月 12 日在南外仙林分校全体教职工大会上所作的报告，有改动。文中数据均为当时数据。

（2）“顺其自然”的校训。

我们经过六七年的实践提炼出了新的校训——顺其自然。我们发现做教育不能够蛮干，要按规律办事：一是教育规律，如果不按教育规律办事，效果是很差的；二是学生身心发展规律；三是市场规律。我们一般要求办教育要遵循教育规律和学生身心发展规律，但没有提及市场规律，这是不全面的。因为我们培养的学生是要进入市场的，所以教育要看到将来市场对人的要求，并且按照这样的要求有预见地在学校设计整个教育行为。比如说学生应该具备什么样的素质？这些素质要符合什么要求？当然是市场的要求，可能是五年、十年甚至二十年以后市场的要求。如果我们不明确这一点，不把它分解成学生的这些素质，不考虑将来进入市场以后有没有用，那我们就是无的放矢，我们所培养的学生就不会适应社会的需要。所以市场规律不仅主导了教育的宗旨，而且对教育方式、方法都有很大的影响。顺其自然、按规律办事，就是要按照教育规律、学生身心发展规律、市场规律办事，这也是我们在办学实践中提炼总结出来的。

（3）学校文化建设。

我们已经将此列入议事日程，主要有这样几个要点：① 学校文化建设纲要。在每位教师人手一份的《办学法典》中专门有一章是关于学校文化建设纲要的。② “学校文化屋”是我们学校文化建设的基本框架。教育力与教育关系理论是“学校文化屋”的地基，“顺其自然”的校训是屋面，“四项基本教育原则”（面向全体学生的原则、发挥学生主体作用的原则、有效率教育的原则、开放式教育的原则）是四根支柱。整个学校文化建设要把这个框架搭建起来，然后通过文化建设的具体实践添砖加瓦。③ 学校文化建设的八个维度——教师、学生、课程、课堂、校园、物质、学术、管理。其实我们八年来都在建设这八个维度的文化：教师文化——我们非常强调教师的学习、生涯规划、教师的品位；学生文化——全面实施素质教育，学生要具备国际公德的习惯和意识，开展各项活动提高学生素质；课程文化——不但严格按国家课程教学，而且有很多自己的校本课程；课堂文化——最主要的体现是课堂教学改革，同时我们的课堂是开放的课堂；校园文化——第二课堂是丰富多彩的；物质文化——我们最近把这个维度重视起来，可能出台学校物质文化建设纲要，争取在建校十周年之前把学校整个物质文化建设提高一个层次；学术文化——我们非常重视教育科研，要求人人进入课题组，要求教研组成为我们课题操作的最基本单位；管理文化——像我们的班级管理体制改革、大教导处制度等。这些都是我们提升学校文化建设的具体做法。

（二）资金投入与硬件设施

(1) 股份制学校的资金筹集。

南外仙林分校是一所混合所有制的股份制学校，参股单位有国有（南外本部、仙林大学城），有民营（雨润集团、江苏新苑房地产开发股份有限责任公司）。建校之初我们就筹集了7500万元资金。我认为当时大家对学校的发展缺乏估计，没有想到发展这么快，否则可以筹集到2亿元资金，那我们现在的资金运作会更好。股份制的优势在于可以一下子筹集到比较多的资金，这也是以后兴办学校可以吸取的一些经验。相对而言，南外仙林分校在资金筹集方面做得还是比较好的。同时，名校控股，让热心教育且有实力的企业参与，这样在资金使用方面会比很多学校更便利。股份制学校本身就是一种体制创新。

(2) 合理的学段设计与收费。

我们学校包括小学、初中、普通高中、国际高中，基本呈现金字塔型。小学现在58个班级，初中38个班级，普通高中18个班级，国际高中10个班左右，底盘比较大，从低往上人数逐渐减少，学段衔接有利于整个教育教学。从收费方面来看也是如此，我们小学收费比较高，初中再高一点，高中更高，但是小学的“块头大”，离应试相对比较远，不像高中有非常激烈的升学竞争，要选择优秀生源，就不能按照既定的学费标准去收费，我们学校的收费设计方式使我们有更多的资金收入。

(3) 成功的资金运作。

在资金运作方面，严格按照董事会领导下的校长负责制运作。在财务预算方面，一是把教师待遇放在首位；二是学校公共经费；三是还本付息，我们每年坚持还款2000万元，只有从长远角度考虑，学校发展才能细水长流；四是留足学校发展资金，比如建校至今已经七八年了，学校的各种设施和设备（电脑、空调、投影仪等）都到了更新换代的时候，这些都需要发展资金；五是股东合理回报，新的关于民办学校发展规定，股东合理回报在贷款利息以下，虽然我们的股东单位姿态比较高，绝大部分都把资金留在学校，但我们学校还是需要考虑这些问题；六是教师退休金补齐专项基金，教师退休金补齐是南外仙林分校率先在全省民办学校中实现的政策，我们每年留足 200 万元的资金专款专用，用于在老师们退休的时候补贴退休金。

（三）教师素质与学生素质

（1）教师生涯规划。

所有教师都应当有自己的职业规划。什么时候成为中级教师、高级教师、名师，什么时候成为南京市学科带头人，什么时候成为江苏省特级教师，什么时候成为教育家……每位教师都应当有各自相应的生涯规划。学校准备建立学科带头人、名师培养制度，让大家通过学校的阶梯往更高的阶梯去攀登。

（2）学习型组织建设。

我们非常重视学习型组织的建设。一所学校不能只是操作型的，应当是学习型的，这样它的发展才会有后劲。我校每年举办学术报告超过 14 场，各种培训班、研讨会非常多。小学部教师论坛影响很好，是一种创新。部分骨干教师坚持参加南京师范大学班主任研究中心的“随园夜话”活动，值得提倡。学校还希望有更多的研讨、进修，这是一所学校文化发展、品位提升的象征。我校鼓励大家进行各种进修（包括学历进修），并给予资金支持。很多民办学校是不鼓励进修学习的，而我们认为进修学习有助于大家的学历和素质提高。

（3）校本培训（青蓝工程、名师工程、技能培训等）。

我们的名师工程的建设还比较薄弱。现在我校在南京市已经有很大影响，如此规模庞大的学校，专业教师就有 410 名，相当于三所学校的教师数量，但目前自己培养的特级教师还没有，南京市学科带头人不到 10 人，太不相称。因此名师工程要成为我们接下来教师队伍建设的重中之重。每位教师都应当有自己的目标，学校要有计划、有步骤地培养，要有时间表，而不是遥遥无期。按我个人的想法，南外仙林分校至少要有六七名特级教师，要有不少于三十人的市级学科带头人，这样才能跟我们学校的地位相称。现在差距还比较大。当然这有两方面因素，一是客观上民办学校长期以来处于体制之外，教育主管部门、学术部门对民办学校重视不够。随着我们被教育局认定为特许学校，情况会有所改观。二是我们自身的原因，教师的论文撰写和发表是我们的一个弱项，甚至已经影响了职称评定和评优。我想我们的教科研中心、学部分管教科研的主任、学部各位领导以及教研组长都要高度重视论文的撰写和发表。其实南外仙林分校的实践是丰富多彩的，很多在全国都是率先的，只要注意在实践中选准课题参与进去，围绕我们的改革写出来的论文价值是很高的，这样的论文对你成为名师可以打下非常好的基础。同时，我们学校要在区、市层面上对外多联系，为教师提供更多的上公开课的机会。总之，名师工程要大大加强。

(4) 投身改革(课程改革、班级管理体制改革等)。

全体教师要全身心投入到学校的各项改革中去，在改革中增长才干、提高素质。

(5) 法制建设。

我们有教师手册、职工手册，从师德到具体业务，到管理等各方面都有明确规定。教师按照这些制度、要求去做，对自身的提高也是大有帮助的。

(6) 学生理想教育。

南外仙林分校出台了《理想教育纲要》，并已经多次进行修改。我们按照《理想教育纲要》来实施我们的理想教育，《理想教育纲要》会越来越完善，我们执行《理想教育纲要》会越来越坚决。“三力合一”的经验要进一步推广，扩大到整个教育小组，扩大到整个学校。如果用数学模型来看学校，其实就是一个三角形，学生、教师、家长三方面力量凝结为一个稳固的结构，达到教育的最佳效果。从小学开始延伸至初中、高中的生涯规划等行之有效的措施都应该具体细化，要更加向前推进，这些都有很高的价值。

（7）心理教育。

南外仙林分校很早就开始关注心理教育。学校现有 5 位专职心理教师，他们开展了很多的工作。越来越多的班主任、任课教师、生活老师已具备心理教育的基本知识和技能。除了小学低年级和毕业班年级，其他年级都在开设心理活动课。像这样把心理活动课排入必修课的学校也是极少的。各种心理咨询和培训、对一部分有偏差学生的心理干预、对学部和各部门提出的心理预警、班级设立心育委员、学生会设立心育部长等一系列举措都是南外仙林分校的创新。整个心理教育会对教师特别是学生心理产生非常积极、健康的正面效应，所以南外仙林分校没有出现大的问题，在某种意义上也是重视心理教育的结果。

（8）第二课堂制度。

第二课堂制度是南外仙林分校最成功的举措之一。很多新来的教师应该很快会发现南外仙林分校节奏快，学校除了上课之外，其他活动非常多，这正是我们所要的。我们希望学校动静有致，课堂教学效率要高，第二课堂要丰富多彩。因为青少年是好动的，不唱不跳不成学校。学校的第二课堂要科学、规范。我们的第二课堂形式多样，比如我校六大校园文化节、大量的选修课、科技活动、体育活动、艺术活动、学生社团活动、校园实践（主要在初中阶段）、社会实践（各个年段都有）、爱心活动（各个年段都有）、义工活动（我们被南京市慈善总会授为先进义工团体）、模拟联合国活动（高中上学期刚开始举办的）等。这些第二课堂活动都是在教室以外的学校和社会空间开展的。通过第二课堂，学生的素质得到了很大的提高。

（9）学生干部制度。

南外仙林分校的学生干部制度不是教师任命之后的终身制，而是竞选制。我们总结了南外的成功经验，结合南外仙林分校的具体特点，形成了这样的制度，目前越来越完善，使广大学生有机会为公众服务，从而提高自己的协调管理能力。

（四）课程计划与课程标准

（1）课程标准的执行。

我们严格执行国家课程标准，不搞“两张课表”，不打“擦边球”。规范办学行为之后，不严格执行国家课程标准要求的情况比以前有了明显好转，但是传统的操作方式以及对教育的理解主导了一些教师的教育行为，使“大运动量”、高强度的教育方式难以完全摆脱。南外仙林分校绝不打“擦边球”，即使高三和初三在节假日也绝不上一节课，这是非常不容易的。课程标准的执行可以看出一所学校对教育的态度是否严肃、科学。

（2）校本课程的建设。

南外仙林分校的外语课有超出大纲的要求，具体要求比一般学校要高很多，这种高要求造就了我们的核心竞争力，是我校教育力水平中的核心部分；计算机课，我们使用自己的校本课程，也有高出一般学校的要求，与实际应用的结合更加密切；“做中学”（主要在小学），培养学生的动手能力；心理指导课，培养学生的健康心理；陶艺课，锻炼学生的动手能力和想象能力，是小学的必修课；选修课，活动性课程很多；生活课程，由很多生活老师担任该门学科的教学，已经进行了很多年，培养学生的自理能力、意志品质、道德习惯、耐挫能力、人际交往能力等。这些就是我们执行课程计划时坚持做的，在处于基础教育阶段的中小学中是别具一格的。

（3）课堂教学的改革。

对于课程标准中的过程与方法，有人不太重视，但我们很重视。对于洋思中学、东庐中学、杜郎口中学的经验，很多学校不以为然，但我们对之评价很高。而且我们在他们改革的基础上，加入了很多我们自己的思考，在课堂教学改革过程中逐渐形成了我们自己的一些好的做法。英语教学的“情景—结构—交际”模式主要是传承南京外国语学校的经验。“学案引领、板块推进”模式，我们正在推进，现在有一半教师在运用“学案引领、板块推进”模式进行教学。课程改革在南外仙林分校是不可逆转的，如果中小学没有这样的改革，课堂仍然是满堂灌，那么中国什么时候才能培养出具有求异思维、创新思维的人才，进而培养出杰出人才呢？在这方面我们还需继续努力。我们的课堂教学改革已在市内外产生越来越大的影响，我们必须要坚持。

(4) 理想教育的实践。

所有学科已经把与理想教育有关的知识点整理出来，而且涌现出中学音乐组这样的在理想教育课堂系列方面做得非常好的典型，当然还有其他一些学科组。从整体上看，虽然我们高度重视，但理想教育课堂系列在实践中还有很大的推进空间，各个学部、各个教研组要花大力气重视这个系列。

（五）教育方式与教育科研

(1) 面向全体学生。

教育就是要使每一位学生完善起来，使每一位学生素质优化起来，传承人类文明。以前基础教育的一个普遍现象就是面向少数精英学生，南外仙林分校绝不允许这样做，因为我们领悟到教育是面向全体学生的。我们对教育的理解是有原则的，在原则问题上绝不妥协。所以我们绝不会在义务教育阶段搞重点班、实验班，绝不允许以学生成绩排名次。学生多元化评价也是面向全体学生的举措，我们不是面向少数学生评“三好学生”。我们要重视提优辅差，因为学生是有个性、有差别的，不能“一刀切”，所以对优秀的学生和学习有困难的学生要有相应的不同措施。我们在关注优秀学生的同时，更要关注学习有困难的学生。我们推行的作业分层设计（特别是理科作业）也是面向全体学生的举措。强调活动重在参与，而不强调最后的效果，最重要的是学生参与了这些活动并得到了锻炼，提高了相关意识和素质。另外，我们还学习南外的经验，在各学段搭建升学的“立交桥”，这是非常明智的。

(2) 发挥学生主体作用。

课程改革中要发挥学生的主体作用，这毋庸置疑；班级管理体制改革的下一步发展，最重要的是让学生深度参与；少先队代表大会、学生代表大会让学生当家作主，参与学校的大政方针制定；学生社团活动、学生干部选举、学生参与管理和主导实践活动等都是发挥学生主体作用的实践。

（3）有效率的教育。

规范办学行为包括规范教学时间、作业量、考核方式，严格作息时间，调整评价标准等。传统评价中认为勤奋、投入的教师是好教师，但现在单看投入是不够的，主要看他的效率和效益（投入和产出比）。若投入一样，产出多的就是优秀教师；若产出一样，投入少的就是优秀教师。学校严格规范办学行为，让每位教师有完整的寒暑假和节假日，但在工作日必须提高质量和效率。学生学习好坏不看其投入，而主要看其兴趣和注意力。如果学生的兴趣很浓，注意力比较集中，那么学习效果一定好。过量学习对大部分学生是无效的，甚至有负效果。因此南外仙林分校特别强调学生的课堂效率以及教师的工作效率，不提倡“大运动量”的学习和工作。

（4）开放式教育。

开放式教育包括课堂开放、第二课堂、校园开放、社会实践、国际化办学。国际化办学是我们开放最大的一个领域。我们有30位外籍教师；每年安排学生游学150人次左右；现有友好学校七八所；有国际学生四五十名；组织学生到国外进行留学，短期留学是去国外访问两周，中期留学是一年（人数在江苏省居第二位，仅次于南外），长期留学人数比例普通高中接近40%，国际高中是100%；我们的国际合作办学包括中澳班、中德班、中美班，这三种办学形式尽管时间不长，但在我们严格、规范的管理下水平越来越高，校风和学风越来越好，这一点可以从他们的升旗仪式、集会、课堂中看出来。国际高中的办学水平在南京市乃至江苏省都是一流的。

（5）课题引领。

目前我们在“人人进入课题组”、教研组作为课题研究的基本单位方面做得比较好，但还不够。“人人进入课题组”在每个学部都要落实。把教研组当作课题研究的基本单位也是一个重要经验，如果教研组不能成为课题研究基本单位，课题研究很容易落空。现在我们的集体课题、个人课题在南京市都是比较突出的。我们有教科研中心的指导和学部的重视，所以我们各个学部的课题管理都做得比较好。

（6）教科研骨干培训与教育论坛。

教科研骨干培训是我们的创新，已经举办五期，教育论坛水平也越来越高。

二、调整教育关系的探索

（一）办学体制与办学环境

（1）股份制民办学校。

建立南外仙林分校这样一所股份制民办学校，是我们在教育关系方面的一个重大尝试，是对公立学校一统天下的中国基础教育体制的一种冲击和创新。我们规范办学的实际运作有以下特点。一是有高度的办学自主权，政府不干预。大家知道一般学校每年最起码有十项以上的检查验收，校长的很多精力都放在这个方面，而南外仙林分校一项检查验收都没有。同时，董事会的各位董事对南外仙林分校的办学不予干预。所以我们有非常高的办学自主权，这样我们按照对教育的理解而采取的相应决策就能够贯彻到底。二是能筹集较多的启动资金。三是名校控股，确保正确的办学方向和规范的办学形式。南外对南外仙林分校在人员上、理念上、相关政策上都会采取很多措施，以确保南外仙林分校办学的方向正确和规范。真正的名校办学，思想都是比较端正的，不是为了赚钱，而是为了培养人才。四是名校办学能得到政府的支持和百姓的信任。南外仙林分校的办学得到了南京市教育局、栖霞区教育局及其他相关政府部门的全力支持。因为这所学校是南外在办，所以得到老百姓的信任和追捧。当然我们把学校办好主要是因为我们自己工作的方式和成效，但我们也应该承认南外的品牌是得到老百姓信任的非常重要的一个因素。五是运作科学，董事会抓大事，校长享有完全的行政决策权。我在很多场合都讲过，我也许是中国教育界权力最大的校长，因为政府不干预，董事会也不干预。六是党、政、工关系协调。在一般学校，党的系统，工会系统包括教代会系统可能是很薄弱的，但是我们从一开始就很重视健全、协调彼此之间的关系。七是优秀的办学质量。我在教代会上正式提出我们的定位是江苏省一流的外国语学校、全国一流的民办学校，这样的定位体现出我们优秀的办学质量。

(2) 学制与办学形式。

我们小学到初中是“6＋3”学制，初中到高中是“3＋3”学制(一半以上学生进入我们的普通高中或国际高中)，整个学校是“6＋3＋3”学制。我们以后在学制改革上还要做更多的文章，比如能不能有一部分初中学生不参加中考直接进入高中，对小学升初中我们也有更多的想法。学校很多办学理念就是从小学开始推行的，与初中、高中保持了一致性，这是我们的优势，是很多学校做不到的。外语特色、国际高中也是我们的特色。

(3) 办学环境。

内部环境上，除了保持和董事会的良好关系，还有在学校内部依法治校，推行学校的文化建设，使学校内部有一个融洽、和谐的大环境；外部环境上，重视与投资方、教育主管部门、教育业务部门的关系，也重视与社区、协作单位、媒体的关系。我们和投资方、教育主管部门、业务部门之间的关系非常和谐，和办事处、大学城关系密切，并与越来越多的协作单位合作，与南京各大平面媒体、电台、电视台进行近距离接触，和媒体关系非常友好。这就是改善办学环境。

（二）管理体制与管理方式

(1) 班级管理体制改革。

班级管理体制改革是我们的首创，很多大的网站、报纸及相关媒体都用大篇幅介绍我校班级管理体制改革的情况。这项改革在全国的影响会越来越大。我们接待过一个西藏交流团，他们就特别要求我们谈班级管理体制改革的情况。传统的班主任负责制很不合理，一个人苦干而其他人插不上手，这是对教育资源的极大浪费，教师的教育能力也会因其长期不参与管理而衰退。所以，班级教育小组制度是符合我们教育规律的。

（2）大教导处。

班级管理实行改革，在班级层面建立了一个对学生实行有效的全面素质教育的机制，把"两张皮"合起来了。但中层仍然是条线式管理，在年级管理层次上相对比较薄弱，正因如此，大教导处的推行势在必行。最近两年，我们经过了一些运作，在小学部的实施已经比较成熟，在国际高中也尝到了甜头，初中部的实行也越来越流畅。因为这是一项涉及中层管理体制的改革，所以我们还需要付出艰苦的努力。

（3）督导室。

这是南外仙林分校的首创。原来学校基本上是自己"立法"，自己"行政"，自己"司法"，所以学校行政对很多情况不了解，看不到自身的问题。我们要在学校逐渐做到权力制衡，除了受到董事会、行政领导的制衡之外，还需要一个常设的行政机构来监督和引导我们的办学行为。因此我们设立了督导室，由一些资深的教育专家组成，他们对学校和学部的各项工作进行监督和指导。学部一开始对督导室的设置不理解，而现在对督导室越来越信任甚至依赖了。

（4）依法治校。

学校不能是"人治"的，所以我认为"一个好校长就是一所好学校"这样的说法是不够科学的。学校不能是因人而异的，应该有自己固定的章法，即依法治校。我们现在制定了《办学法典》，而且是在教代会上以三分之二以上的票数通过的。既然通过了，学校就应该严格按照《办学法典》规定的内容去执行。我在此强调，教代会的作用应该越来越重要。教代会换届改选时，希望全体教职工能够本着从学校的发展大局出发，选出能够代表教师利益和学校利益的代表，秉公参与教代会整个工作，对学校各项工作进行审议。希望教代会成为一个既是法治的机构，又是民主的机构。我们现在的投票实行无记名投票，这在大部分学校恐怕是做不到的。我们相信学校如果按教育规律办事，能够使教师的生活质量、业务水平得以不断提高，学校办学质量越来越好，学校行政部门就不要害怕教师们投反对票。实践证明，我们现在的教代会绝大部分投的是赞同票，说明教师和学校各级行政部门的看法是一致的。

特别强调一下学生惩戒条例。一方面学生犯错，教师要保护学生的权利，不可以伤其自尊心，不可以体罚及变相体罚，这是我们国家的法律规定的。另一方面，少数学生扰乱教学秩序，使很多教师尊严受到伤害，其他学生的利益受到损害，为什么得不到法律的保护？从这个角度出发，南外仙林分校借鉴国外的做法，开始试行学生惩戒条例。但是我们很谨慎，首先这一条例一定要通过家长委员会和学代会的审议，其次在执行过程中要非常谨慎，比如学生反省要有教师在场，还可以带回家三天、一个星期，改过之后由家长带来学校。特别严重的在高中阶段可以开除。这样的惩戒措施可以使相当部分学生的违规行为受到约束。

（三）评价方式与分配方式

(1) 学生多元化评价体系。

“三好学生”的评价方式是面向精英学生的评价方式。我校试行面向全体学生的多元化评价体系，小学的学生多元化评价体系有 6 个维度，中学的学生多元化评价体系有 6 个维度 20 个项目，这也是一种创新。每一个学生必须得到一个方面的肯定，并且可以自荐另一个方面再次得到肯定。再困难的学生都有长处，这些长处都应该得到老师的肯定，得到强化；再优秀的学生也不可能是全才，也要看到自己的不足。学生发展是有特点的发展，不是均衡的全面发展，这是教育规律。因此“面向全体学生”的一个重要方式就是实行多元化评价，我们要坚持做好学生的多元化评价，这也会对其他很多学校有一定的借鉴作用。在进行多元化评价的实际操作过程中，每个班级可以有自己的不同，我们鼓励创新，鼓励拥有自己的个性。永远不要对任何一个学生下整体性的结论，因为这可能不符合事实。

学生多元化评价体系包括学生学业水平的多元化评价。现在评价学生的学习成绩基本是看考试，这是传统的评价方式，一定程度上可以看出学生的学习力，但这也很片面。学生的学习力表现在很多方面，特别表现在过程中，如果只以考试这样的终端来评价就显得不全面。学习力包括学习的动力、毅力、能力、潜力，对这些方面进行的评价才是对学生全面的评价。评价不仅看考试，还看课堂参与情况，看学生在各项活动包括管理中的表现。

（2）教师多元化评价体系。

不能“以升学率论英雄”，对教师要实行多元化评价，既要看教师教书的情况，也要看教师育人的情况、参加教育小组工作的情况、师德等。教师所教学生的升学率是重要标准，但绝不是唯一标准。如果我们只以升学率来衡量教师，这是应试教育的评价体系，是不公平、不科学的，那样教师和学生永远都只关注升学率，学生素质不能得到全面发展，教师素质也无法得到提升。我们不采纳提高毕业班教师奖励的建议。我们认为教育是一个系统工程，小学从一年级到六年级，初中从初一到初三，高中从高一到高三，国际高中从一年级到毕业年级，是无数教师团结协作的过程，不能仅仅看毕业班教师的工作，毕业班教师的工作也不仅仅只看升学率。我们认为所有教师都对学生的发展作出了贡献，毕业班教师作出的贡献更多，所以给他们更多的奖励是应该的，但不能过度奖励。

我们学校的学生评教体系已经运作多年，我认为这项评价做得比较好。对教师进行评价的时候，所有任课教师回避，由学校信息技术中心统一操作，并且讲清楚评价的重要性。这种评价如果比较恰当，能使教师发扬优点，改变不足之处，把学生教得更好。在统计的时候，要去掉最高分和最低分，感情因素尽可能排除。评价结果出来之后，应该把结果密封后交给教师本人。对于分数比较低的教师，教导处要有诫勉谈话。评价教师不只看一次分数，一次分数低的教师要警醒；如果多次带不同班级、不同年级的教师得到的评价总在最后，就要反省自己是否存在较大问题。现在的评教体系又扩大到对学生管理、班级教育小组工作的维度，除了无记名投票之外，很多学生写了自己的意见，这也是我们在对教师评价方面的一些尝试。我赞同教育不能像工厂那样全部量化，但也不赞同绝不量化，我认为在一定范围内是可以量化的，但是肯定不可以全面量化。

（3）结构工资制与“退休金补齐”专项基金。

我们的结构工资制现在看来是比较合理的。一次性发给教师较高数额工资的方式仍然是平均分配的方式，不会调动积极性。比如现在有些民办学校连工作量津贴都没有，干多干少一样，当然不合理；有些学校值班、加班不发补贴，这也是不合理的。我们的原则是应该有差异，但是在钱数方面不要拉大，只在工作量津贴方面体现差异化，根据个人实际情况和工作量差异给予相应的津贴，同时对超课时的教师给予比较高的津贴，这才是按劳分配。在这个方面，我们目前做得很好，但仍需进一步完善。“退休金补齐”专项基金是我校率先实施的一项举措，有助于大家安心工作而无后顾之忧。

综上所述，教育力与教育关系的理论反映了教育运作的规律，主导了南外仙林分校全部的教育改革和发展。我们坚持这一理论，特别是坚持在此理论基础上的实践，会使南外仙林分校的发展越来越合理，办学质量越来越高。这项改革有理论支撑，所以我们在改革创新道路上一定会坚持下去，因为这是符合中国基础教育的整个发展方向的。我相信教育力与教育关系的理论和实践会为更多学校提供一种思考的范式，从而推动整个基础教育的发展。

第二章

班级教育小组制度：
班级管理体制改革的南外仙林分校经验

基于对当下中小学普遍实施的班主任负责制的利弊分析，南京外国语学校仙林分校在钱铁锋校长的领导下，自2008年开始全面推进班级管理体制改革，以班级教育小组集体负责制取代班主任负责制，创造性地构建了班级管理体制改革的实践框架。具体包括四个方面：一个理论命题——教育力与教育关系；一套办公体系——"日碰头""周例会""月诊断"；一套评价制度——教师既教书又育人；一个教育团队——助力学生成长的学生导师制。

01

班主任负责制下班级管理的利弊分析*

在班级授课制条件下，班级是学校教育工作的最基层组织，学校的各项要求都需要通过班级来落实。班主任就是在班级授课制下产生的特别的教育角色，班主任负责制也成为了我国现阶段班级管理的一种基本制度。

一、班级授课制的产生与发展

（一）班级授课制的产生

班级授课制起源于16世纪欧洲近代资本主义兴起时期。由于资本主义经济和政治的发展，对高素质人才的需求增加，普及教育，扩大教学规模，提高教学效率和质量就成为历史的必然要求。以往分散的小农经济和封建隔绝状态下长期实行的个别教学的组织形式就逐渐被否定。

17世纪时，班级授课制兴起于东欧的乌克兰，其发展与完善大致经历了三个

* 选自徐敏标主编的《中小学班级管理体制改革》（南京师范大学出版社2012年出版），有改动。

阶段。

第一阶段，以捷克教育家扬·阿姆斯·夸美纽斯（J. A. Comenius，1592—1670）为代表，对班级授课制从理论上加以总结和论证，使班级授课制的地位得到基本确立。[①]

第二阶段，以德国教育家约翰·菲力德利赫·赫尔巴特（J. F. Herbart，1776—1841）为代表，提出教学过程的形式和阶段理论[②]，对夸美纽斯的理论进行了完善。

第三阶段，以苏联教育家伊·安·凯洛夫（N. A. Kaiipob，1893—1978）等人的教学理论为代表，提出课的类型与结构概念，使班级授课制这个教学组织形式基本完成。[③]

我国在清朝同治元年（1862 年）设立了京师同文馆，它被视为我国最早班级授课制形式的洋务学堂。

到目前为止，班级授课制已成为全世界大多数学校教育共同采用的教学组织形式。

（二）班级授课制的基本特征

（1）班级授课制是一种集体教学形式，它把学生按照年龄和知识水平分别编成固定的班级，即同一个教学班学生年龄和智力程度大致相同，并且人数基本固定。

（2）有统一和固定的教学内容，教师按规定的教学计划、教学大纲和教科书进行教学。

（3）把每学年划分为几个学期（一般都是两个），把教学内容分学期按课时划分，各课时之间彼此连续而又相对完整，学校规定教学进度，排出课程表，教师按

① 夸美纽斯. 大教学论[M]. 傅任敢，译. 北京：人民教育出版社，1984：14，78.
② 赫尔巴特. 赫尔巴特文集：第四卷[M]. 李其龙，郭官义，等译. 杭州：浙江教育出版社，2002.
③ 凯洛夫. 教育学[M]. 陈侠，等译. 北京：人民教育出版社，1957：94.

课程表进行教学，学生按课程表上课。

（三）班主任负责制下班主任的主要任务

班主任是由学校指定的全面负责一个班级教育与管理工作，对学生的思想、学习、健康和生活等方面进行全方位指导的教师。班主任是这个班级的组织者、领导者和教育者，也是该班全体任课教师工作的协调者。班主任常被人看作是班级的灵魂。

自从在班级设置了班主任一职，班主任就成为班级教育管理的第一责任人，承载着社会、家庭、学校对下一代的培养教育重任。在这种体制下，班主任被明确指定为班级的管理者，负责学生的德育及常规管理工作。其他任课教师虽然也具有管理班级的责任，但是并没有从制度上加以规定，评价体系与报酬方面更没有体现。所以，班主任实际上成了班级管理的唯一责任人。班主任既要承担教学任务，还要独自承担班级的全部管理任务，其他任课教师只负责教学工作，很少参与班级管理。我们把这种班级管理体制叫作班主任负责制。

通过对班主任工作的实际观察与总结，我们认为，班主任的工作任务大致可以概括为以下 11 个方面①。

（1）制订班级工作计划，全面贯彻教育方针，促进学生德、智、体诸方面素质的和谐发展。

（2）按照时代要求，建设班级文化，塑造良好的师生关系，形成优良班集体。

（3）开展各种教育活动，培养学生文明习惯和健康心理，形成科学的世界观、人生观、价值观。

（4）研究了解每个学生的个性特点，帮助学生树立理想，引导学生进行生涯规划。

（5）做好后进学生的转化工作，鼓励他们进步，并给他们切实的帮助与指导。

---

① 王卫. 班级　我们生命的沃土：中学班级常规建设指南[M]. 南京：江苏教育出版社，2005：7－13.

(6) 培养选拔班级干部，指导班级干部开展各种活动。

(7) 整合教育资源，协调各任课老师的教育行为，化解班级教育过程中出现的各种矛盾。

(8) 就孩子的成长问题与家长进行交流沟通，争取家长的配合与支持。

(9) 规范学生行为，维护班级的良好秩序，保护学生的合法权益，处理班级各种突发事件，奖优罚劣，体现公平，伸张正义。

(10) 协助有关部门进行学生档案建设，为学生撰写寄语或评语。

(11) 加强理论学习，提高自身素质，总结反思班级工作实践，积极撰写德育研究论文。

二、 班主任负责制的历史贡献与制度缺陷

班主任负责制起源于 20 世纪 30 年代的苏联。新中国成立后，在学习苏联的治国经验过程中，班主任负责制被引进我国的基础教育，并在新中国几十年的教育史上发挥了极其重要的作用。

（一） 班主任负责制的历史贡献

(1) 班级有了责任人，学生有了主心骨。

无论是学校还是家长，孩子在学校里出现了种种状况，首先就是找班主任，因为班主任是班级的唯一责任人。学生在学校里遇到什么困难，自然也是找班主任帮助解决，甚至在校外遇到麻烦，也会想到班主任老师。因为在学生心目中，班主任就是他们成长过程中最坚强的后盾，是他们的主心骨。

(2) 德育有了组织者，教学有了协调人。

班主任几乎成为学校德育工作者的代名词。做学生思想工作、心理疏导工作、理想教育等依靠班主任；组织学生参加学校各种大型活动，组织班级主题班会、团队活动依靠班主任；增强班集体凝聚力，培养团队精神，树立良好班风、学

风也靠班主任。另外，任课老师在教学中遇到问题也要靠班主任进行协调，各学科的教学情况要在班主任那里汇总，并由班主任进行整合分析。

(3) 常规管理得到加强，学生行为规范得到监督。

中国几千年的人治传统，使得人们的规则意识、法律意识比较淡薄。学生能否遵守规范，就看有没有人认真督查。班主任负责制使得学校常规管理有了一支专门的队伍，那就是全体班主任。学校对这支队伍经常进行培训指导，于是班主任逐渐成为常规管理的能手，同时，总结出许多班级管理的好经验、好方法、好模式。

(4) 造就了许多教育专家，提炼出很多管理理论。

在班主任负责制下，班主任成了班级唯一被认可的责任人，承担着许许多多的教育管理重担。在广泛的实践中，一些善于思考、敢于创新的班主任不断总结自己的成功经验，并逐步上升到理性高度，形成了各具特色的班主任工作方法与理论，涌现出一批批优秀的班主任，包括一些全国知名的专家，如魏书生、任小艾等。

概括起来说，班主任负责制的作用在于班级主要责任人明确，避免了“群龙无首”“三个和尚没水喝”的局面。特别是在计划经济体制下，这种权力相对集中的管理体制确保了学校教育要求在班级得到有效落实，各种大型活动在班级得到快速响应和有效开展。

（二）班主任负责制的弊端分析

随着我国从计划经济向社会主义市场经济转轨，原来在计划经济背景下产生的班主任负责制逐渐与社会主义市场经济的需要不相协调。班主任一个人主导着班级的教育，掌握着班级教育的话语权，这与现代教育的民主化、决策的科学化是相悖的。特别是社会主义市场经济条件下，强调人才的综合素质与个性特长，学校不能把学生培养成工厂车间里的标准件。这就需要老师对学生成长的综合因素有细致的了解和科学的分析，并根据不同的情况设计培养方案，真正做到因材施教。

儿童的身心发展的特点是智力因素和非智力因素交互影响、同步发展的。在基础教育阶段，学校教育必须尊重儿童的身心发展规律，寻求学生素质发展的有效途径，发挥每一个学科、每一位老师在学生素质发展过程中的独特功能。

然而，在班主任负责制条件下，一些美好的愿望往往无法成为现实。基础教育长期存在着几个难以解决的难题与困惑：一是非班主任老师只抓本学科教学，很少关注也难以关注到学生的全面素质发展，班主任把更多精力投入到班级的管理与学生的德育工作中，造成长期存在的教书与德育“两张皮”现象。二是不同学科教学之间缺少交流与整合的平台，各学科老师无法顾及学生其他学科的学习状况，一味强调本学科的地位，不能从多角度分析学生成长过程中的种种问题，造成学生顾此失彼，发展失衡。三是班主任承载了太多的任务、责任以及心理压力。学校的各种教育要求最终都要汇聚到班主任那里。班主任工作千头万绪，能力稍弱一些的人就会疲于应付，甚至难以招架。班主任无法做到对每一个学生进行深入研究，并按照学生身心发展规律采取科学合理的教育措施，而其他非班主任老师有时即使有心帮助也不便出手，怕被别人认为是多管闲事。所以现在的班主任们一方面觉得很累，另一方面很多工作都只浮于表面。

02

班级管理体制改革的价值诉求*

班级管理体制改革(简称“班改”)是特指改革传统的以班主任负责制为基础的班级管理体制,确立以班级教育小组集体领导的班级管理体制;改变传统的由班主任个体素质决定班级教育成败为依靠众人综合素质、依靠民主制度、依靠科学方法提高班级生活质量和教育质量;改变传统的任课教师专注学科教学,较少关心学生全面素质为所有教师在教书过程中更注重全面育人的积极生命状态和职业感的提升;改变传统的“唯上、唯书、唯分数”的应试教育为从学生成长的实际出发,面向全体学生,全面提高学生素质,全员参与班级教育的素质教育理念和机制;改变“班主任决策指挥,学生被动操作”的单向度机械管理模式为“全员参与,师生互动”的多维度班级管理模式,从而真正实现师师合作、师生合作、班家合作,实现各学科教师智慧与情感的融合,各种人力资源的优化配置,使班级教育真正为学生和谐发展、个性发展、终身发展提供最好的帮助和支持。

班级教育小组负责制与传统的班主任负责制具有显著的不同。这一改革的重要价值可以概括为以下五点。

---

* 选自徐敏标主编的《中小学班级管理体制改革》(南京师范大学出版社 2012 年出版),有改动。

一、为全员育人提供制度保障

(1) 人人教书育人。

自古以来，教书育人就是教师这个职业的基本属性。但是，由于班级授课制以及班主任负责制的诞生，似乎教书就是教授学科知识，育人就是道德说教，甚至认为育人的事应该由班主任专门负责。这不仅是认识上的误区，也造成实践上的误差。

事实上，教书和育人是无法分开的。育人是教育的出发点和归宿，教书是育人的一种极其重要的途径和手段。每一位任课教师，都应该通过自己的课堂教学行为与人格形象影响并教育着自己的学生。

当我们的每一位老师都带着自觉的育人意识与目标从事自己的学科教育时，课堂教学就自然成为对学生进行德育培养的主阵地，情感、态度与价值观的目标自然就会在教学过程中得到体现①，这样的教书与育人才能做到和谐的融合，才是一种理想的教育、有效的教育，才是我们应该追求的教育境界。

(2) 人人管理育人。

南外仙林分校的班改根本点在于班级建立起了一个集体决策、集体行动、集体负责的民主机制。班级教育小组的组成不仅包括主要的学科老师，还有班级学生代表、班级家长代表，这是一个全方位的管理团队。

教育小组在决策与行动之前，不仅要听取任课老师的意见，还要听取家长与学生的意见。它不再是过去班主任一个人说了算，而是在民主讨论、科学分析的基础上，采取更加理性的决策与行动。

教师人人参与班级管理成为评价老师的基本要求。每一个老师都是班级教育小组的成员，参与决策、参与管理，合理分工、合作议事，老师的管理意识明显增强，管理能力显著提高。

---

① 中华人民共和国教育部. 基础教育课程改革纲要(试行)[N]. 中国教育报，2001-07-27(2).

学生参与管理。学生代表是直接参与班级决策的学生，他们在参加决策之前，都会根据要求了解、征求班级广大同学的想法、意见，将大家的想法、意见带到会议上，供教育小组决策参考。决定形成以后，学生代表还要向班级同学进行宣传，并与班级干部一起落实有关的要求。

学生家长参与管理。学生家长是教育不可忽视的力量。学生家长的参与，使得学校的教育更加科学、更加有力量。家长们通过家长代表将他们的意见带到教育小组会议上，作为决策的参考，同时，教育小组还要通过家长代表向广大家长宣传学校的教育思想、教育理念和教育措施，并尽可能利用家长资源，为班级教育活动提供支持和帮助。

二、为学科整合提供平台

学科整合与优化的目的是使我们的学科教学更加有利于学生学科素质的提升，并在此基础上有效促进学生智力、能力结构的协调发展。学科整合由浅入深，由表及里，大致可以分成三个层次。

(1) 各学科教学所占有的时间和精力的合理分配。

由于学生所学学科很多，客观上各门学科的难易程度、任务多寡不同，主观上学生对各门功课的兴趣浓淡、重视程度也不尽相同，所以在各门学科上所花的时间和精力也必然不一样。可是在教学实践中我们发现，作为任课老师，虽然知道自己所教学科应该占有什么样份额的时间和精力，但往往出于多方面的考虑，会不自觉地夸大本学科的地位与作用，甚至采取抢时间、多留作业的方式。这样做不仅给别的学科学习造成负面影响，甚至造成一种秩序的混乱，所有任课老师都来抢时间，多布置任务，结果学生难以承受，学习始终处于被动应付的状态。长期下去，导致学生学习效率下降，厌学情绪加重。在过去的班主任负责制下，任课老师不能形成一致的意见，班主任也难以协调他们之间的关系，最后只好任其发展，学生有苦难言。而建立以班级教育小组为载体的班级教育管理体制，能够把所有老师、学生以及家长的意见集中起来，认真加以分析研究，形成科学合理的决议，并对各门学科的教学情况进行跟踪了解，实现学科之间的基本平衡和协调发展。

(2) 各学科之间的知识与方法的迁移与融合。

学生所学的各学科知识与方法不是完全孤立的，一门学科的知识与方法一般来讲在其他学科中也可以得到迁移和运用。比如，数学中的很多知识、方法与物理中的许多知识、方法就是可以相互借鉴和迁移的。再如，哲学中的辩证思维对于理解自然科学以及历史、地理或文学领域的观点也是十分有用的。学生一般可以通过自身的学习对各门学科中的知识、方法进行融会贯通，但是如果教师能够有意识地进行这方面的引导与指导，效果必然会更加明显。但在以往的机制下，教师很难进行这方面的沟通。建立班级教育小组以后，各学科之间有了交流沟通的渠道和平台，对学科教学的研究可以从一般性的时间配置深入到知识、方法的交互融合，形成一张各学科知识、方法相互联系的网络图表，帮助老师在教学中有计划、有目的地进行学科之间的渗透。

(3) 将多元智力的核心能力整合到各种课程之中。

多元智力理论把人的智力分为八种[①]：视觉—空间智力、身体—动觉智力、自然智力、逻辑—数理智力、言语—语言智力、音乐—节奏智力、交往—交流智力、自知—自省智力。这些不同类型的智力相互配合能帮助我们解决不同领域的问题。值得关注的是，同一种智力可以也应该在各种不同的课程（包括活动）中得到发展和提升，也就是将多元智力渗透到各门学科教学当中，形成以多元智力为主轴的综合课程。国外的研究机构在这方面进行了有益的实践，我们通过对他们提供的方案进行分析也发现，这样的整合课程确实对提升学生的多元智力具有显著的效果。我们认为，施行这样的课程是真正意义上的素质教育。但是要形成这样的整合课程绝不是一件简单的事，需要所有学科的老师共同参与制订课程计划。虽然目前我们还无法做到这种整合，但是新的班级管理体制为我们进行这方面的探索和实践提供了一种现实可能性。

---

① 加德纳. 智能的结构[M]. 沈致隆，译. 北京：中国人民大学出版社，2008：91－278.

三、为学生全面诊断提供可行的途径

班级教育小组通过“月诊断”会议[①]对学生进行全面诊断。教育的针对性是教育有效性的前提，针对性来自对教育对象的准确把握，来自对我们的学生个体信息的了解。过去班级管理主要靠班主任一个人，工作千头万绪，班主任精力不许可，能力上也达不到对班级的每个学生都进行详细的了解。即使做了了解，一个人的决策也难免失之偏颇。建立教育小组之后，班级的管理是一个团队在做，大家合理分工、集体决策，每个老师分工牵手几位学生，通过与他们进行较为深入的交流，可以掌握真实的信息，为教育小组诊断决策提供最有价值的资料。学生之间的了解有时比老师对学生的了解更具体、更真实。所以有了学生代表，教育小组可以把教育决策和教育方案定得更加科学，更加贴近学生的心理。家长代表对学生的了解是老师在学校里不曾看到的一面，这些信息对于教育小组的诊断与决策也是非常重要的。所以，班改后，班级教育小组利用“月诊断”会议，对学生进行全面诊断，并在此基础上制订有效的教育方案，使班级教育变得更加科学有效。

四、凸显学生的主体地位

班级教育小组通过让学生参与决策与管理使其真正成为班级的主人。

当前教育的症结之一就是学生缺乏主体意识。因为缺乏主体意识，学习就缺乏动力，活动就缺乏热情，生活就显得乏味。试想，一个学生总觉得学习是为父母的，活动是为集体的，活着是为别人的，他还能有多少激情投入到学习生活中去？教育的根本目的是要培养人类文明的传承者，未来的国家建设者，事业的开拓者和接班人，这就决定了我们培养的学生应该具有强烈的主体意识、责任意

① 班级教育小组对班级以及每个学生进行全面分析的一种会议，大约一个月开一次，故名“月诊断”会议。

识，能以建设国家、服务社会、传承文明为己任，学在当下，规划未来，掌握自己的命运之舵。

国家颁布的新的课程标准，其核心价值理念就在于改变传统的教学方式，特别是学生的学习方式——变被动接受为主动参与、主动探究，培养学生敢于质疑、勇于创新的品质。可是在班级管理的层面上，我们还缺乏这样的机制和平台。班级大小事务都由班主任一人考虑，一人决定，学生基本上只有服从、执行的义务。他们不会主动思考自己所在的班集体应该怎样建设，自己应该为班集体做哪些事、尽什么责。建立班级教育小组集体负责制，为唤醒学生的主体意识提供了有力的机制保证。班级教育小组不仅有任课老师参加、家长代表参加，特别重要的是还有学生代表参加。学生的想法、建议和呼声可以在管理决策过程中得到充分尊重和体现，这就从制度上保证了学生的主体地位，有利于培养他们的主体意识、责任意识。这也让学生懂得，学习是自己的事，班集体建设与管理也是他们自己的事，并逐步学会自我规划人生，自我设计未来，珍惜美好的青春年华，积极面对遇到的困难与挫折，做学习的主人、生活的主人、命运的主人。

五、 建构民主的班级文化

班级教育小组负责制使班级成为师生践行民主的基本平台。

班级文化，是学校文化在班级中的具体体现，是以班级师生为主体，学生家长参与建构并逐步形成的特定成长环境与生命状态，主要包括与本班师生（有时还会涉及家长）相关的一切班级制度与行为表现，特别是在此基础上形成的教风、学风、班风和师生的价值取向与理想追求。

从以上对班级文化的界定可以看出，班级文化绝不是班主任的个人文化。如果只靠班主任一人之力、一人的智慧，班级就会形成应付上面检查、处理日常事务、一心只管学习成绩等的检查文化、事务文化、考试文化。事实上，现在的班级文化很多就是这种状态。

我们认为，班级文化建设是统领班级一切工作的制高点。抓住了班级文化建设这个关键环节，就是找准了基础教育的灵魂与核心。学校应该鼓励创新，加大特色班级建设力度，倡导不同的班集体拥有不同特色的班级文化，让个性化代替长期以来的千人一面、千篇一律的机械化。而要做到这一点，就必须依靠众人的智慧，依靠全体师生的共同参与和齐心协力。

建立班级教育小组集体负责制，适应了班级文化建设的需要。这种机制能使管理方式从专制走向民主，教育方法从经验走向科学，人际交往从封闭走向开放，价值取向从单一走向综合，理想追求从只有共性走向强调个性。这种机制有利于集众人智慧，赢得百花齐放，使班级文化建设更具活力，更具特色，站上一个更高的起点。

综上所述，建立班级教育小组集体负责制是教育关系适应教育力发展的需要。班级教育小组凭借对教育资源的有效配置和科学整合，注重内涵发展，激发师生的主动性、积极性，充分体现师生在教育中的双主体地位。在科学分析、全面诊断的基础上，实行民主决策、科学管理，使得班级成为师生学习民主、践行民主的文化阵地，为师生共同成长、共同进步，为提高学校教育质量，解放学校教育力，全面实施素质教育，实现教育“面向现代化、面向世界、面向未来”的理想创造了全新的机制。

03

班级教育小组制度的主要特征*

一、 构成要素

（1）人员构成。

班级教育小组由班主任、部分任课教师、生活教师、学生干部代表、家长代表组成。其中班主任任组长，部分任课教师（2—3 人）、生活教师（寄宿制学校）为核心成员。班长、团支部书记（或中队长）、班级家长委员会主任为重要成员。

班级教育小组成员包括了教师、学生、家长三方代表。教师队伍中包括了过去专管德育工作的班主任，分管教学工作的任课教师以及承担生活管理工作的生活教师。学校所有任课教师、生活教师全部进入班级教育小组，实现了全员育人的目标。

（2）办公形式。

改变过去以教研组、备课组为单位的办公形式，实施以班级教育小组成员（主要指教师）集中办公的形式。同时加强教研组、备课组的活动，以保证学科教

---

* 节选自《建立班级教育小组制度——班级管理体制改革的尝试》，原文发表于《班主任之友（小学版）》2008 年第 8 期，作者齐学红、钱铁锋，有删改。

师的业务交流和教学研讨活动的正常进行。

(3) 决策方式。

在班主任主持下，由班级教育小组成员集体做出重要决策(如学期工作计划、班级各项重要工作和活动、学期工作总结等)，班级日常工作决策主要由核心成员提出并确定。

(4) 议事方式。

日碰头(核心成员参加，每天5—10分钟)，周例会(核心成员或全体成员参加，每周20分钟左右)，月诊断(每学期3次，每次2小时左右，班级全体任课老师参加)。

(5) 行动方式。

决策做出后，在班主任领导下，由班级教育小组成员分工负责落实，所有任课教师既教书又育人。在对全班学生的个体指导方案确定后，具体指导工作分包到每一位任课教师。

(6) 评价制度。

学校对教师的评价，既要看其在学科教学中的表现，同时也要看其在班级教育小组工作中的表现。评价制度与分配制度密切挂钩。

二、制度优势

班级管理体制改革的实质是：由班主任负责制改变为由班级教育小组集体负责制。所谓集体负责就是：集体决策、集体行动、集体承担责任。

班级教育小组制度相对于班主任负责制有哪些优势呢？

(1) 有利于对学生发展现状的全面了解和动态把握。

过去，任课教师对学生的了解主要限于学生本学科的学习情况，班主任对学生的了解也取决于其与任课教师接触的主动性。现在，班级教育小组成员(主要指教师)集中办公，随时交流学生信息，这就使所有教师对学生的了解更全面、更及时，避免了"盲人摸象"的现象。同时，通过班级教育小组的例会制度，生活教师、家长代表对学生也获得了更多的了解。

（2）有利于学校教师全员育人，克服教书、育人“两张皮”现象。

过去，任课教师主要负责课程教学工作，虽说学校要求所有教师要“管教管导”，除了教学工作外，也要重视德育工作，但在班主任负责制下，实际上难以做到。在班级教育小组制度下，有了机制的规定，全员育人成为可能，教学工作与德育工作“两张皮”的现象得到了相当程度的克服。

（3）有利于班级学科教学力量的整合，提高教学质量。

在班级教育小组制度下，任课教师集中办公，这使得他们平时的接触、交流机会显著增加。在班主任的领导下，通过小组例会以及对学生的学习诊断，可以对各学科教学进行有效整合，避免了过去经常发生的矛盾、“撞车”和发展不均衡的现象，从而提高班级的整体教学质量。

（4）有利于对学生进行个性化指导。

在班级教育小组制度下，通过对学生更多、更深入的了解，对学生个体的全面诊断，可以制订出对每个学生的全面指导方案（包括智力因素、非智力因素），并由相应的教师（含生活教师）全面指导（整体负责）和重点指导（某一单项），从而提高针对性，有利于学生的全面发展和个性化发展。

（5）有利于对学生实行全面素质教育，促进学生的可持续发展。

中小学生正处在身心发展阶段，其特点是智力因素和非智力因素交互影响，这就要求基础教育阶段的每一位教师既要教书又要育人。班级教育小组制度提供了这样的平台和机制，使教育小组的教师成员乃至班级全体任课教师“管教管导”，对学生进行全面素质教育，促使其可持续发展。

（6）有利于任课教师全面素质的提高以及班主任的专业化发展。

过去，任课教师只负责学科教学，其他工作很少接触，对学生的了解也存在相当的局限性。在班级教育小组制度下，任课教师全面参与班级工作，对学生的了解也更为全面，可促使学生的素质得以全面提高。同时班主任在班级教育小组制度下，不再单枪匹马，他要领导一个教师团队，要在更高层面上开展工作，需要不断提高自身的专业化水平，因而可以促使其更好地发展。

(7) 有利于发挥教师集体的作用。

教师的工作性质具有两面性。一方面教师的工作具有个体劳动的特点，从备课、上课到批阅作业、批改试卷、个别辅导等，各个环节均可以独立完成；另一方面，每个教师都在一定的集体中工作，与其他教师处在同一教育系统中，例如班级。在班主任负责制下，任课教师之间只是一种松散的关系，经常出现各行其是的局面，矛盾较多，较难协调。尽管班主任的作用突出，但教师集体作用的发挥往往不够理想。在班级教育小组制度下，所有教师同处在一个具有较强行政关系的集体内，在班主任的统一领导下，各种因素、矛盾能得到较好的整合和协调，有利于发挥教师集体的作用，起到“1＋1＞2”的效果。

(8) 有利于发挥学生的主体作用。

教育是一个师生双边作用的过程，必须调动双边的积极性，学生的主体作用在教育中极为重要，而这种作用往往被忽视，也往往难以调动。班级教育小组由于有学生代表的参加，学生在教育中的弱势地位有很大的改善，这就为学生在班级工作中提供了更多的知情权，为学生参与管理班级提供了条件，进而有利于发挥学生的主体作用，增强教育效果。

(9) 有利于形成教师、学生、家长“三力合一”的局面。

中小学生处在学校、家庭两个环境中，教师和家长如果能够在教育中取得一致，将有利于学生的健康成长。现实情况是，学校缺乏与家长建立共同教育的机制，家长在学校教育中的作用最容易被忽视，这也是当前基础教育的难点。班级教育小组中的家长代表，对班级情况、学生情况有了更深入的了解，并将其传达给其他家长，同时带来了其他家长的反馈意见，这就为班级决策提供了宝贵依据，也为决策的落实提供了家长基础。班级教育小组制度使家长参与学校教育成为可能，从而形成教师、学生、家长“三力合一”的局面。

(10) 有利于班级文化的建设。

班级教育小组成员集体决策，集体行动，能够发扬民主精神、增强师生民主管理的意识和能力。班级教育小组制度所具有的民主、科学的班级决策、运作和评价系统，有利于发挥师生集体的智慧，整合各种教育资源，为学生素质的全面发展、和谐发展、个性化发展创设浓郁的班级文化氛围，为提升班级文化品位、提高学生生命质量提供理想的平台。

三、 意义及前景

以班级教育小组制度建设为标志的班级管理体制改革对于当前基础教育的发展意义重大。

(1) 极大地解放了中小学教育力。

班级作为学校最主要的基层单位，对学校教育力的发展举足轻重。班主任负责制代表一种传统的教育关系，它对当前教育力的发展已经产生了阻碍作用。班级教育小组制度的建立，是对原有教育关系的大胆改革，涉及教育关系的各个环节。它不靠“大运动量”、高强度的投入，不靠低效的重复劳动，不以牺牲师生的身心健康为代价，而是凭借对教育资源的有效配置和科学整合，用内涵发展的方式，激发教师和学生的主动性、积极性，必将极大地提高教育质量、教育效益，解放学校的教育力。

(2) 有利于素质教育的实施。

“面向现代化、面向世界、面向未来”，全面优化学生素质，这是基础教育正确的办学思想。办学思想决定学校的办学模式、教育内容、教育方式，最终决定教育的产品——学生的素质。班级教育小组制度为素质教育的实施提供了比较理想的条件。

(3) 促进中小学教育的可持续发展。

班级教育小组制度是在最基础的教育领域落实科学发展观和教育可持续发展战略，将德育与教学整合优化，将各科教学整合优化，从而提升班级文化品位，建构教学相长的重要平台，达到师生共成长、共进步。

当前，基础教育规模有了极大的发展，硬件条件有了极大的改善，社会、家长对教育的重视程度有了极大的提升。但是教育的内涵跟不上形势的发展：应试教育还主导着中小学教育，学生的全面素质状况令人担忧。在新的历史时期，国家的发展、民族的复兴、社会的进步，关键取决于国民素质，取决于国家教育，悠悠万事，唯此为大。为了适应整个国家经济和社会发展的需要，我国基础教育也在改革：办学行为正在规范，考试制度、课程体系、课堂教学、评价制度均在调整和改变。与此相配套，班级管理体制改革也势在必行。我国数十万中小学的数百万班级亟待改变传统的班主任负责制，亟待解放蕴藏的巨大教育力，亟待改变目前师生的生存状态。作为一个新生事物，班级教育小组制度有着强大的生命力，当然也就有着广阔的发展前景。

04

班级教育小组制度的实际操作*

一、班级教育小组的性质与任务

班级教育小组是班级管理体制改革过程中诞生的新的班级管理组织，它由班级任课老师代表、公寓管理员、学生代表、学生家长代表组成。班级教育小组成员分为核心成员和重要成员。核心成员由3—4名老师组成，主要学科老师不少于2人，公寓管理员1人。重要成员若干，包括班干部代表、普通学生代表和学生家长代表。在核心成员中，确定一位老师担任班级教育小组组长，负责班级教育管理工作的牵头以及班级教育小组各成员之间、班级教育小组与其他部门之间的协调工作。

（一）班级教育小组的性质

1. 班级教育小组是班级工作的领导核心

领导核心就是决策机构，就是指挥中心。[①] 领导核心要承担掌握前进方向、

* 选自徐敏标主编的《中小学班级管理体制改革》（南京师范大学出版社2012年出版），有改动。

① 明茨伯格，等. 领导[M]. 思铭，译. 北京：中国人民大学出版社，2000：12.

明确奋斗目标、确定工作原则、制定规章制度等重要的任务。

班级的领导核心意味着什么呢？就是对班级工作负总责，需要承担为班集体建设明确方向、确立目标、制定班规等与班级建设与发展关系重大的各项任务。

过去在班主任负责制下，班级工作的领导核心就是班主任一个人。现在，班级建立了教育小组，班级教育小组取代了班主任个人，在班级管理中，坚持集体决策、集体行动、集体担当责任的集体负责制。

班级教育小组依靠民主制度，依靠科学方法，集中大家智慧，调整与改善班级管理各要素之间的关系，建设优良团队，努力进行德育内部、德育与学科教育、各学科之间的优化整合，创造师师合作、师生合作、班家合作的教育环境，形成"全员参与，师生互动"的多维度班级管理模式，为学生主动发展、全面发展、个性发展、终身发展提供优质的教育资源。

在教育小组内部，组长与组员的角色是有一些差别的。班级教育小组组长是这个领导集体的组织者、协调者，是团队的灵魂。在条件成熟的情况下，组长还拥有对小组核心成员的"组阁"权与考核权。与此同时，全体组员不仅具有班级各项工作的参与决策权，还具有对组长工作的监督、评议权。

2. 班级教育小组是班级管理的合作团队

班级教育小组不是一般的群体组织，而是一个团队[①]。团队意味着什么？团队意味着全体成员有共同的目标追求和核心的价值理念，意味着有自己的灵魂人物，并在灵魂人物的带领下，为实现既定目标而共同奋斗。

(1) 建设有特色的和谐班集体是班级教育小组的共同目标。

特色是区别于其他班级的独特之处，有特色才有亮点。特色可以是管理特色，也可以是学业特色；可以是环境特色，也可以是活动特色；可以是才艺特色，也可以是人际关系特色；等等。班级教育小组需要凝聚全班之力，千方百计打造自己班级的特色，以点带面，以点促面，带动班级工作全面开展。

---

① 索耶. 天才团队：如何激发团队创造力[M]. 汤超颖，高鹏，译. 北京：中国人民大学出版社，2009：51－65.

当然，创建特色，需要根据本班同学的实际情况，找准方向与突破口。教育小组要与全班同学形成共识，在此基础上，制订切实的创建计划，一步一步向前推进。

有特色，还要和谐。和谐就是每个孩子在班集体中都能感受到温暖，感受到来自同伴的友爱、关怀，都有一颗向上、向善的心灵。班集体充满和谐、健康的成长氛围。

(2) “以生为本”是班级教育小组价值理念的核心。

“以生为本”就是以学生的发展为本，是教育工作的出发点和归宿，也是班级教育小组必须遵循的根本理念。从教育目的、教育制度、教育内容、课程设置等宏观方面，到教育计划、教育措施、教育方法与手段等微观方面，所有的教育观念与行为都应该是为了学生的健康成长，为了学生的和谐发展。今天的各项教育改革也都是基于“以生为本”的理念而进行的。

班级教育小组如何真正体现“以生为本”的理念呢？首先，教育小组全体成员要尊重学生的成长规律，保护学生的个性，关注不同年龄段学生生理、心理发展的内在需求。其次，要尊重学生的意见与建议，民主治班，有关班级建设的问题要能反映大多数学生的心声。再次，尊重学生的自主性、创造性，创建班级特色，搭建师生合作、生生合作的管理平台。最后，对学生的健康负责，对学生的未来负责，为学生提供优质、高效、和谐、开放的素质教育。

(3) 班级教育小组组长是班级教育小组的灵魂人物。

在班级教育小组组建之时，组长就已经被认为是小组的灵魂人物。当然，组长要成为团队真正的灵魂人物，不能仅依靠行政任命，自身还需要不断提高管理决断能力、交流协调能力和个人人格魅力，得到全体组员与学生发自内心的认同。

3. 班级教育小组是班级学生的成长导师

何谓导师？顾名思义，就是引导者、指导者、示范者。一般来说，导师可以是个体，也可以是一个集体。班级教育小组就是这样一个集体，它肩负着班级学生成长导师的光荣使命与历史责任。

(1) 班级教育小组是学生学业进步的促进者。

教育小组的老师，促进学生学业进步是本职所在。当教育小组利用“日碰头、周例会、月诊断”对班级整体学情或每一个学生个体的学情进行诊断的时候，教育小组的每个成员都要积极参与其中，提供各种信息与资料，提出自己的判断与见解，并在此基础上，给学生学业更加具体、实在、有效的指导。特别是作为几个同学的牵手老师，对学生学业的指导不能局限于某一学科，而应着眼于全面、和谐发展的目标，关注到学生的个性差异，鼓励优势特长发展，及时纠正偏差，科学合理安排，确保牵手对象都能得到最需要的、最有价值的指导和帮助。

教育小组的学生以及学生家长，一方面可以参与班级学情的分析诊断，另一方面还能为班风、学风建设，为解决学生学业上的困难出谋划策，真正体现出“以学生为主体”，彰显学生的主体作用；家长代表，可以利用家长的社会资源，给学生开设专题讲座或报告，组织主题活动，激发孩子们的学习兴趣，帮助其提高学业水平，更好地促进其全面发展。

(2) 班级教育小组是学生品德修养的示范者。

自古以来，我们都强调品学兼修。伴随学业的进步、智能的提升，品德修养的提升也是学生成长的一个极其重要的方面。虽然人的智能与品德有一定的联系，但这两者并非总是一致的。

“品德”既是伦理学词汇，也是教育学词汇，而且在教育学中用得十分广泛。教育的第一要义就是“传道”，其次是“授业、解惑”。英国教育家丹尼斯·劳顿认为，说某人是受过教育的人，就是在称赞他，说他具有某些可贵的品质。一个教育的过程一定要是成为使人产生这些可贵品质的过程。[①]

“品德”本身是一个中性词，不同的人品德有高低之别，贵贱之分。从教育学角度讲，所谓品德，就是一个人在外界环境，特别是在教育环境的影响下，通过自身学习而形成的对于是非、善恶、美丑的判断力以及在此基础上养成的稳定的行为习惯、价值取向与行事风格。中学生多数属于未成年人，他们的可塑性极强。

① 劳顿，等. 课程研究的理论与实践[M]. 张渭城，等译. 北京：人民教育出版社，1985：15.

普遍的观点是，学校及老师对学生品德的形成影响很大。这种影响既有正面的，也有负面的。事实上，学校的德育并不总是如预想的那样对孩子成长起着积极有效的正面作用。原因是，许多学校把品德教育局限在关于优良品德知识的教育上。这种教育忽视了学生的主体性，忽视了学生的道德感悟与道德实践环节，造成知行脱节，表里不一。教育者本身也不能为学生当好道德的榜样，课上讲的与自己生活中真实的行为有时相差甚远，甚至背道而驰，这些都使得学校品德教育的效果大打折扣。

肖川教授认为，越来越多的人认识到，真正具有道德意义的道德教育，不是把现存的道德规范和行为准则灌输给学生（虽然这是必要的），而是启发和唤醒学生的道德自觉和道德良心。① 而身边的道德榜样将是这种启发与唤醒的最佳途径。身教重于言教。教师不仅要给学生传授基本的道德规范与优秀的品质特征，更重要的是为学生提升品德修养做良好的示范。

过去，关注学生品德最多的人就是班主任，所以他们对学生影响也最大。建立班级教育小组后，全体教育小组成员都将成为传统意义上的“班主任”，都来关注学生的品德成长，他们也成为了学生品德修养的示范者。这实际上是让学生吸收多位成员身上的优良品德，强化了榜样的力量。

(3) 班级教育小组是学生身心健康的呵护者。

今天的家长越来越重视孩子的身心健康，许多家长不再认为孩子的成绩与分数是第一位的。但仍然有许多学校和家长把学生的成绩与分数提高到了不适当的地位。因为分数和成绩牺牲身心健康的，甚至导致人生悲剧的例子屡见不鲜。但是我们必须承认，随着对教育本质认识的深化，随着素质教育的不断推进，把孩子的身心健康作为教育的首要任务已经变成越来越多的学校与家庭的共识。

谁应该为孩子的身心健康负责呢？家长、老师与学生自身都有责任。在班主任负责制下，班主任对学生的身心发展关注较多，其他任课老师则极少涉及此

① 肖川.教育的视界[M].长沙：岳麓书社，2003：5.

类问题。建立班级教育小组之后，班级教育小组集体将承担为学生身心健康发展保驾护航的任务。

首先，教育小组全体成员应牢固确立“健康第一”的教育原则。不仅关注学生的身体健康，更要关注他们的心理健康，必要时宁可牺牲分数和成绩来换学生身心的健康。因为健康的身心是孩子一生幸福的依托，也是他们将来为社会作贡献的基础保障。

其次，教育小组要组织各种有益于学生身心健康的文化活动，调节学生因学习或交往过程带来的紧张情绪，给他们提供展示不同方面的特长与风采的机会和舞台，促进他们身体与心理的同步协调发展。

最后，利用“周例会、月诊断”，定期对学生身心发展状况进行分析，并对部分出现偏差的学生及时进行疏导。牵手老师的一个重要任务就是与孩子进行心灵的沟通，做一个好的倾听者和疏导者。同时，教育小组还要与家庭密切联系，共同为孩子营造健康发展的环境，给他们年轻的心灵投射一抹和暖的阳光。

(4) 班级教育小组为学生生涯规划搭建了服务平台。

什么叫学生的生涯规划呢？简单地说就是学生自我发展过程中，尝试着统整各种生活、工作、学习的经验，制订合理科学的计划，并通过不断践行自己的计划，实现有理想、有目标的人生。[①]

学生是未成年人，处于世界观、人生观、价值观逐步确立的阶段。因此，对于自身的认识以及未来的构想难免有许多幼稚之处，自我规划的意识一般比较淡漠，需要成人特别是老师给予必要的引导。

班级教育小组如何为学生的生涯规划搭建服务平台呢？班级教育小组要通过集体诊断、分包牵手来实现这一点。牵手老师引导学生进行自我分析，并结合教师、家长的诊断分析，选择比较合理的发展道路，向学生提供切合个人实际的奋斗目标，同时，引导他们找到比较适合自己的学习方式、方法，制订逐步推进的计划与措施。牵手教师时刻关注着牵手对象的进步与成长，及时与其交流成长

---

① 尤敬党，吴大同. 编织生命的辉煌：青少年生涯规划指南[M]. 南京：南京师范大学出版社，2004：9.

过程中的体验或困惑，并尽可能地提供帮助。这种形式使得老师对学生的生涯指导更具针对性、可操作性。

4. 班级教育小组是教育整合的基础平台

在建立班级教育小组之前，班级教育缺乏整合的平台。虽然班主任老师肩负着协调、组织各学科老师共同教育学生的责任，但是实际上是无法真正落实的。建立班级教育小组以后，在班级层面建构了一种教育整合的机制与平台，使得班级教育从真正意义上走向了民主、科学、和谐、高效。

(1) 通过班级教育小组实现教育目标的准确定位。

教育是一种特殊的实践活动，特殊性在于教育对象是具有主体性的人。由于人的能动性、可塑性、发展性，所以对于教育目标的定位就很复杂，要考虑许多不确定因素。教育目标的确立不仅要依托教育活动的内容，还要遵循教育对象的年龄、知识、能力结构以及动态的心理变化规律；不仅要反映社会的客观需要，还要尊重学生个体的内心需求。

教育目标按不同的标准可分为整体目标与个体目标，长远目标、中期目标与近期目标，综合目标与单项目标，等等。无论哪种目标的确立，都需要对目标主体与主客观条件进行诊断分析。这种诊断分析工作，过去可能是由班主任或学生自己进行，现在我们则可以借助班级教育小组集体的智慧。

(2) 通过班级教育小组实现教育决策的科学高效。

这里所说的教育决策不是指宏观的决策，而是班级内部为开展某些教育活动而进行的微观层面的决策。过去班级由班主任一人负责，班级大事小事都由班主任说了算，一个人进行决策虽说效率高，但是科学性难以保证。尤其是一些经验比较缺乏的年轻班主任，在班级工作中经常走弯路，导致班级教育与管理出现较多差错，给孩子的成长造成不好的影响。班级教育小组作为一个教育团队，决策必须遵循民主集中制原则。所有教育小组成员都有义务在决策的过程中提出自己的看法与建议，教育小组就是要集中大多数人的意见，最终形成决议。这样形成的决议不仅具有更好的针对性，在执行时也易于凝聚大家的力量，达到科学而高效的效果。

(3) 通过班级教育小组实现教育资源的合理配置。

首先是合理利用班级教师的智力资源。教师的资源除了用到课堂教学上，还应该在组织班级活动、指导社团建设、与学生“牵手结对”诸方面为学生成长提供帮助。

其次是发挥学生及家长在教育中的特殊作用。学生与学生之间，由于年龄相仿，没有代沟[①]，比较容易接受相互之间的帮助，有时现身说法的效果比老师教得还好。而学生家长所承担的社会与家庭责任，往往能促使校园里的孩子们深入思考自己未来的道路。所以，有选择地邀请部分孩子的家长参与班级活动，或组织专题讲座、报告，或接受孩子的访谈，等等，都是一种资源整合的有效方式。

最后是对班级师生所拥有的资料进行整合。如建立属于班级的图书角、音像库、网页、博客、文集等，丰富文化生活，提升文化品位，优化教育手段与途径。

(4) 通过班级教育小组实现教育方案的调整优化。

无论是对班级整体还是对某学生个体，教育绝不仅仅是技术活，教育过程更像是一种艺术创造活动。但是，教育又绝不是可以随心所欲的个人行为艺术。为了学生的成长，教育者应该做什么，应该怎样做，虽然没有固定的答案，却一定遵循着某些规律。班级教育必须通过对学生的实际情况进行科学分析，必须对每个学生的个性有充分的了解与掌握，在此基础上，才能制订出有效的教育活动方案。在班主任负责制下，这种方案只能靠一个人的经验与智慧。因班主任个人素质的差异而导致班级教育出现较大偏差的案例不在少数。现在，实行班级教育小组集体负责制，就是要通过发挥大家的智慧，依靠全体老师及家长代表、学生代表，对教育方案进行讨论、改进、优化，从而减少方案实施后出现的负面影响，使教育方案的科学性、有效性能够保持在较高的水平上。

---

① 米德. 文化与承诺：一项关于代沟问题的研究[M]. 周晓虹，周怡，译. 石家庄：河北人民出版社，1987：51－75.

（二）班级教育小组的管理任务

班级教育小组对班级的管理工作首先要确定班级建设目标，然后制订班级工作计划，并通过对班级的任课老师、学生、家长等人力因素的协调，对教学各环节进行科学安排与调控，对教育资源进行优化整合，最终完成计划，达成目标。

1. 按照内容分类

（1）常规管理。

常规管理包括德育常规和教学常规。常规管理的依据主要是《中小学生守则》《中小学生日常行为规范》以及学校或班级制定的一些规章制度。许多学校都会把常规的各项制度编成专门的《学生手册》。常规管理要注意做到三点：发挥师生主体作用，建立分级合作管理网络；明确职责，分工协作，科学安排，人人有事做，事事有人做，做事有效率；及时检查、反馈，建立公平、公正、公开的评价制度，奖勤罚懒。

（2）活动管理。

活动管理就是严格依据活动计划与方案，对活动的时间、地点、人、财、物、活动内容与形式、活动方法与效果等进行跟踪检查，及时反馈调整，对影响活动质量的现象加以纠正，对能够提高活动效果与效率的思路与做法加以总结、肯定或推广，保证活动按计划、高质量地完成。

班级活动极其丰富，所以活动管理的任务也非常艰巨。通常班级教育小组应该将班级活动分为一般性活动与重要活动两个层次。比如，班会分为常规班会与主题班会，主题班会就应该列入重要活动。再比如，全校范围统一参与的“六大节”①应该列入重要活动，班级内部或班级与班级之间自发组织的比赛可以作为一般性活动。另外，关乎班级特色文化创建的系列活动应该作为重要活动，关系师生人身安全的活动必须作为重要活动，临时性安排、无关大局的活动就可

① “六大节”指南京外国语学校仙林分校每年开展的外语节、体育节、艺术节、科技节、演讲节和读书节。

以作为一般性活动。对于两个层次的活动，都要加强管理，但是付出的管理成本、投入的管理精力要有所区别。

无论是常规管理还是活动管理，核心的任务是人的管理。以人为本的管理理念是现代管理者应该遵循的根本观念。人的管理不是把人管死，而是要采取一切有效措施调动人的积极性，激发参与者的主体意识，激活他们的创造性。管理的本质应该是服务，管理者就是要把服务工作做到人的心里，把与工作相关的各种因素调整到管理者期待的理想状态。

2. 按照功能分类

按照管理的功能，班级教育小组的班级管理任务可以分解为决策、计划、指导、调控与整合四个方面。

（1）决策。

美国管理学家赫伯特·西蒙认为“管理就是决策”[①]。决策贯穿于管理的每一个阶段与环节。可见决策在管理中的地位和作用。所以对任何一个管理组织，决策都是首要任务。没有正确的决策，后面所做的工作就会偏离正确的方向。

班级教育小组的决策必须坚持民主决策的原则。决策的途径主要是“三会”[②]。全体成员参与还是部分成员参与可以根据决策的具体任务灵活调整。总的来说，有关学生的事情应该听取学生代表的意见，学生代表应该首先听取全班同学的意见，再将意见整理后带到教育小组会议上。涉及与家庭教育相关的决定，一定要听取家长代表的意见，而家长代表也应该首先广泛征求家长们的意见。如果仅仅涉及教师方面的决定，班级教育小组可以通过核心成员会议进行讨论决定，然后告知其他成员。

班级教育小组的决策任务主要包括：确定班风、班规以及各种班级内部的管理制度；确定班级工作目标与工作思路；明确班级教育小组内部的职责分工；建

① 西蒙. 西蒙选集[M]. 黄涛，译. 北京：首都经济贸易大学出版社，2002：6.

② “三会”指南京外国语学校仙林分校班改过程中举行的“日碰头”“周例会”“月诊断”三种工作会议。

立班级学干队伍；制订各项重要活动方案；创建班级文化特色，制订班级发展规划；制订班级突发事件处理方案；优秀评比与违纪处理决定。

(2) 计划。

制订科学合理的班级工作计划，是班级教育小组开展工作的重要保证。班级教育小组的实效，在很大程度上依赖于工作计划的制订和贯彻执行。有了计划，工作的目标就会明确，工作就会主动、自觉，减少盲目性，提高工作效率。

① 制订计划的依据。

制订班级教育小组工作计划，必须以学校工作计划为依据。因为班级教育小组是学校教育工作的基层单位，学校的各项教育工作都要在班级中得到落实，班级工作计划理应从属于学校工作计划。同时，本班学生的实际情况，如学生的年龄特点、心理特征、知识水平、道德状况、学习情况、爱好以及班风等，都是制订班级工作计划的重要依据。

② 制订计划的种类。

班级教育小组工作计划通常有以下五种类型：学期计划、阶段计划、月计划、周计划、具体活动计划。其中，学期计划是全学期的总安排，其他计划都是为实现和落实这个总计划服务的。

(3) 指导。

班级教育小组的指导任务主要有指导学生干部工作、指导学生学习、学生心理健康辅导与品德修养指导、指导学生社团活动及其他社会实践活动、为学生生涯规划搭建服务平台等五项。

① 指导学生干部工作。

学生干部不仅仅是班级教育小组的助手，也是班集体的核心与骨干。选拔和培养学生干部，指导他们独立开展各项工作，是班级教育小组的重要任务。指导学生干部工作主要有四个方面的任务。

帮助学生干部确立为班集体服务，为全班同学服务的工作态度与宗旨。学生干部通过为大家服务，通过为班集体倾心奉献，可以赢得班级同学的信任与支持，树立威望。

指导学生干部处理与协调各种矛盾关系。如学业成绩与工作的矛盾，局部利益与学校大局的矛盾，个人自由与集体规则的矛盾，还包括同学之间、师生之间、学生与家长之间可能遇到的矛盾。要使学生干部不仅自己能处理好各种矛盾关系，还能帮助班级同学处理好这样那样的矛盾。

为学生干部搭建锻炼的平台。指导学生干部组织各种活动，通过组织活动，学生干部不仅综合素质能够得以展示，各种能力也会得到锻炼，从而使自己尽快成长。在这过程中，班级教育小组的成员既不要越俎代庖，也不能不闻不问，而是在他们需要的时候做些提醒，给点帮助，适当指导。

引导学生干部参与各种社会公益活动。班级教育小组要鼓励学生干部积极参与学校及社会公益活动，开阔他们的视野与胸怀，培养他们的实践能力、交际能力以及领袖意识与领导才能。提醒他们在参与这些活动时必须注意的事项，包括礼仪风度、态度情感、合作精神、责任意识等。

② 指导学生学习。

学业指导的主要阵地在课堂。班级教育小组的老师在课堂上既要传授学科知识，更要指导学习方法；既要有针对性地帮助学生解决困惑疑难，也要善于启发调动学生的主动性、积极性、创造性。除了课堂上的指导，课后的个别辅导也是非常重要的。特别是班级教育小组的牵手老师对学生的学业还应有较深入、具体的指导。

对学生学业的指导是经常性的、大量的。这种指导需要老师有良好的学生观，不歧视学习困难的学生，满腔热忱去帮助他们。班级教育小组还可以组织学生间的互帮互学活动，推进班级同学学业的整体进步。

③ 学生心理健康辅导与品德修养指导。

心理健康辅导分为两个部分。一是对绝大部分学生进行心理学知识的普及，使学生懂得如何正确看待世界、看待生活，正确对待人生、珍爱生命、珍惜友情，形成积极向上、向善的生活态度。二是对于极少部分心理出现障碍的学生进行必要的心理干预。这项工作需要特别谨慎，要经过仔细研究，并邀请有专业知识的心理工作者一起分析并制订心理干预方案，然后谨慎实施。

品德修养指导也包括知识传授与榜样示范两部分。知识传授除了利用课堂或班会等阵地外，还应该指导学生阅读有关的书籍，观看有关的影视剧或视频。对于榜样示范，除了向学生介绍一些杰出人物、劳动模范等事迹外，更重要的是班级教育小组的老师以身作则，为人师表，用自己的高尚人格与情操感染与影响学生的内心世界。这是比什么都重要的指导。

④ 指导学生社团活动及其他社会实践活动。

组建学生社团或参加学生社团活动，组织或参加各种社会实践活动，是学生成长的重要经历，是锻炼他们综合能力，促其发挥个性特长的极好平台。班级教育小组的老师首先要积极鼓励学生有选择地参加自己感兴趣且有益于素质提升的各种活动，同时还可以给学生的选择提供参考意见。其次，班级教育小组的老师还可以根据自己的特长，选择担任学生社团的指导老师或顾问，这样就能更加具体、全面地加以指导。最后，班级教育小组的老师可以为学生社团提供一些好的活动方案、思路或建议，或参加某些活动并做评委或嘉宾等，还可以帮助学生解决活动中遇到的一些具体困难。

⑤ 为学生生涯规划搭建服务平台。

第一，要用系统论的观点来认识生涯规划。万物皆系统，职业生涯规划也不例外。从 20 世纪 40 年代开始，人们逐渐认识到系统大于其组成部分之和，系统具有层次性和功能性结构，系统处于不断发展变化的过程之中，系统经常与环境之间进行物质、能量和信息的交换。其中，目的性、整体性、层次性、开放性等一系列原则构成了系统科学的基本框架，同样也成为职业生涯发展的哲学依据。

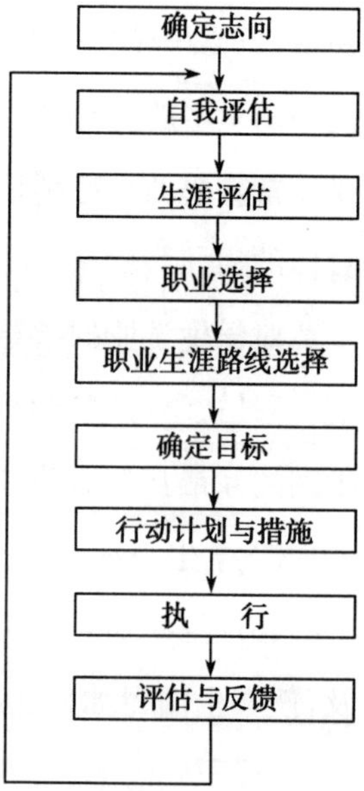

职业规划发展图

从某种意义上说，学生对自己的职业生涯规划的任务就是把该系统内各种未经分析、不清楚的要素，放在自己的生涯环境里进行深刻评估，并将之进行整合，使它们转化为有序的、具有一定目的的自我运作的有机系统整体。这一转化过程可用“职业规划发展图”来表示。

第二，要指导学生建立自我成长档案。首先是认识自我。心理老师结合心理课程，开展“认识自我，规划人生”的专题讨论。班级教育小组要利用“月诊断”方式，集中大家的智慧，对班级的每一个学生的成长环境与个人因素进行全面诊断，并通过牵手老师与学生交流，引导他们在自我分析、自我认识的基础上，确立自己的近期、中期或远期目标，并将目标分解为一步步具体的任务以及为完成既定目标与任务而采取的切实可行的行动方案。其次是建立成长档案。成长档案主要是学生记录自己实现既定目标过程中发生的一些重要事件。成长档案既是师生沟通交流的一个平台，又是学生自我反思的一个载体。

第三，组织学生参加各种社会调查活动。人的发展离不开社会大环境，帮助学生了解真实的社会环境，将对学生今天的学习与生活起到积极的引导作用。提醒学生思考在开展社会调查活动中，需要做哪些准备，包括确定调查的主题、调查的时间、调查的对象，是否需要邀请指导老师，是自己单独行动还是组建调查小组，小组人员如何分工，等等。组织学生进行社会调查，不仅使得他们能准确了解真实的社会状况，还能培养学生的社会道义与责任感，促进他们尽早确立属于自己的人生目标，珍惜在校的学习时光，选择最适合自身发展的成才道路。

第四，组织模拟人才市场招聘会。在学生开展人才市场情况调查的基础上，班级教育小组利用家长资源，邀请部分公司或行政机关单位到学校参与模拟人才市场招聘会。学生人人参与应聘，体验制作个人简历、投递简历、参加面试等一系列环节。学生通过与招聘单位人员进行直接交流，能更早地了解社会需要什么素质的人，单位欢迎什么专业的人才；认识到自己哪方面素质需要提高，哪方面缺点需要克服，还有多大的努力空间，从而在今后的学习中不断加以完善。

(4) 调控与整合。

① 班级教育小组的调控任务。

对目标的调控。如果之前确定的工作目标脱离现实或因为主客观条件无法满足，则必须对目标进行调整，使得目标能够切合实际。

对计划的调整。在具体操作过程中如果发现原定计划无法执行，则必须加以调整。

对行为的调控。包括班级教育小组自身管理行为以及学生行为习惯的调控。

② 班级教育小组的整合任务。

德育内部的整合任务。班级教育小组将德育课程、德育活动、德育体验从目标、方式方法、手段途径、资源配置等方面进行有效整合，形成一个有机整体。

学科教学之间的整合任务。班级教育小组使班级各门学科的教学能遵照课程计划与目标的要求，达到平衡，使学生在完成各学科学习任务时不会顾此失彼，另外在各个学科教学中，围绕学生的一般素质的培养与提高形成一致的教育观、学生观。

德育与学科教学的整合任务。班级教育小组在学科教学中进行理想与道德品质的教育。教育小组需要对德育的总目标进行分解细化，并根据各学科自身特点，结合具体教学内容进行落实。

当然，要完成以上整合任务，不能离开对人力资源的整合，它将为完成其他整合任务提供很好的条件。

（三）班级教育小组核心成员的任务

在班级教育小组组建时，年级组分别安排 3—4 名老师（含 1 名生活老师）作为各班级教育小组的核心成员。班级教育小组核心成员对班级管理负有主要责任。

1. 核心成员的主要任务

作为班级教育小组核心成员，必须始终把握班级建设的主攻方向，在班级制度建设、规划决策、计划制订与落实等工作中发挥主导作用。

(1) 建立班级教育小组基本工作制度。

几位核心成员是教育小组的中坚力量，班级教育小组的基本工作制度主要由核心成员讨论制订。如确定班级教育小组“日碰头、周例会、月诊断”的基本操作规程与要求，“四项分工”的职责与注意事项，班级教育小组重要成员产生办法以及参与决策的方法途径。这些制度对于全体教育小组成员转变角色，提高参与管理的意识与水平将大有帮助。

(2) 建设和谐民主的团队文化。

在班级管理中，教育小组要大力倡导民主化思想，建设民主和谐的班级管理文化。为此，核心成员自身要带头建设教育小组内部和谐民主的团队文化。

第一，要学会包容别人。班级教育小组在班级管理中坚持集体决策、集体行动、集体承担责任。在集体决策过程中，成员之间经常会产生不同的想法，在行动过程中，彼此也会出现步调不一致的情况。对待这些问题应该采取怎样的态度呢？就是要学会包容。作为组长，对其他核心成员的意见一定要充分听取，尤其是对与自己不同甚至相反的意见，更要有包容的胸怀。作为非组长成员，当同伴在工作中出现偏差或失误时，不能事不关己，袖手旁观，更不能幸灾乐祸，而应该及时提醒，善意帮助，共同承担。

第二，要提高民主参与的意识与能力。组长首先要有民主的意识，坚持让大家说了算。组长在解决班级管理中遇到的问题时必须坚持采用民主的方法，善于统筹各种力量，整合各种观点，集思广益，做出科学的决定。当然，每一位核心成员都要提高民主参与的意识与能力。在班级教育小组的决策过程中，表达自己的观点既是每一位核心成员的权利，也是自己的义务。要做到不畏强势，不怕争论，敢于表明自己的观点，为班级教育小组这一教育团队贡献自己的智慧，也为班级教育小组重要成员做出榜样。

第三，要培养合作的习惯。合作是个体与个体、个体与群体、群体与群体之间为了达到某种共同目的而采取相互配合、联合行动的行为状态。合作带来共赢。班级教育小组作为一个团队，合作是其固有的性质。作为组长，不能搞个人英雄主义，而要把大家团结起来，拧成一股绳，形成有战斗力的合作型组织。作为其他核心成员，同样要学会与同伴之间的密切合作，遇事多商量，用诚意赢得别人的帮助与支持。在别人需要支持时，每一位核心成员同样要付出热情、诚意与智慧。

(3) 确立组长的核心地位。

班级教育小组组长是教育小组的灵魂人物，承担着更重要的责任。全体核心成员在工作中，要有大局意识，共同努力，确立组长的核心地位。

组长自身要强化领导意识。班级教育小组组长与班主任是两个不同的角色。班级教育小组组长带领着一个教育团队，是这个团队的灵魂人物。组长不仅对组员负有组织、协调的职责，还要为组员提供必要的帮助与指导。组长要力求德才兼修，提高管理水平，在实际工作中展现自己的领导才干和管理水平，通过一系列领导行为去诠释自己的角色，强化自己在小组中的核心地位。

其他核心成员要多为组长出谋划策。俗话说，"一个篱笆三根桩，一个好汉三个帮"。任何团队的灵魂人物，都不能离开全体组员的信任、理解与鼎力相助。作为核心成员，需要树立大局意识，心里装着集体的目标。当团队进行决策或遇到困难需要自己提出建议时，要全心全意奉献智慧，诚心诚意为团队分忧解难。当团队执行任务或攻坚克难需要自己冲锋陷阵时，要义无反顾挑起重担，尽心尽责不辱使命。即使组长有缺点、有不足，即使组长在有些方面可能不如自己，但是作为核心成员一定要多做搭台工作，不做拆台事情，多做维护组长威信的事，少说不利于团结的话，为营造在组长的带领下精诚合作的氛围作出自己的贡献。

(4) 在"三会"中发挥骨干作用。

"日碰头、周例会、月诊断"是班级教育小组成员之间进行思想沟通、信息交流、资源整合、民主决策的基本途径。作为核心成员，参加"三会"时，一定要围绕需要讨论的问题积极思考，认真备会，在会议期间进言献策，为制订最合理的解决方案奉献智慧。与重要成员相比，核心成员更具有全局观念，对班级的情况了解得会更透彻，因此在"三会"中所起的作用也更突出。核心成员要善于听取重要成员的意见，并把自己的一些思考、想法与重要成员沟通，使得他们对问题的理解更准确，这样就能使方案的落实更高效。

(5) 在"四项分工"中尽心尽责。

每个核心成员都要服从教育小组的分工决定，包括做值日(值周)班主任，承担主题班会的设计与组织任务，承担重大活动的组织与指导任务，承担师生牵手任务。“四项分工”是教育小组发挥集体力量，体现集体行动的重要形式，是合作中的分工，是民主决策下的分工，因而也是有效率的分工。每个核心成员都应该在完成自己分工任务中尽心尽责。

2. 核心成员必做的几项具体工作与要求

（1）制订计划。

制订计划时要求核心成员参与班级工作计划的讨论、制订，并根据分工情况制订分工计划。

（2）开好“三会”。

核心成员每天至少进行一次工作交流，及时解决遇到的问题；每周按时参加“周例会”，总结反思本周工作，提前安排下周工作；参加“月诊断”会议，会前仔细收集会议需要的各方面信息，会上积极发表自己的见解与意见，对班级工作进行全面分析总结，特别是对班级学生个体进行全面分析诊断，找出问题所在，提出解决方案。

（3）完成自己承担的分工任务。

承担班级的德育、管理、教学中的某一方面工作；按照学部要求做好值日班主任或值周班主任工作；每学期独立组织1—2次主题班会；牵头负责某些重大活动的指导与策划工作；做好牵手工作，与自己牵手的学生进行经常性的交流沟通，了解他们的学习、生活状况与环境，特别是了解他们的思想与心理状态，及时而恰当地对他们进行帮助、引导，有计划、有意识地对他们进行理想教育、生活适应能力、心理品质以及良好的文明行为习惯教育，对照“学生个体诊断表”上的有关项目，完成信息储备与加工。

（4）参与班级日常活动与管理。

与小组其他成员一道，参与建立与完善班级常规制度，随时进行班级常规检查与指导，与班级学生一道参加学校、年级或班级开展的各项活动，活动期间参与组织与管理。

（5）进行家校联络。

主动联系本班的学生家长，使得家长对班级工作有更多的了解，并赢得家长的支持与配合，为学生提供更优良的教育环境。开家长会时，参与组织，并到班级听会，与家长进行面对面的交流，共同研究探讨学生教育问题与解决方案。

（6）参与班级学生的考评工作。

给部分学生撰写“彩虹卡寄语”，协助教育小组组长做好期中、期末本班学生综合素质评定工作，为部分学生撰写学期评语，参与学生学期评优推荐工作。

（7）学习与总结。

努力学习学校理想教育、班改、课改等理论，积极实践、认真探索，能每年撰写一篇有关班级或学校德育工作、教学工作的案例或管理论文，完成《班级教育小组工作手册》里的相关记录与总结。

（8）代为行使组长职责。

班级教育小组组长因事请假时，教育小组其他核心成员应该轮流履行教育小组组长职责。

（四）班级教育小组重要成员的任务

班级教育小组重要成员一般由学生代表和家长代表组成。学生代表包括两类：一是学生干部代表，一般是班级民主选举产生的班长、团支部书记（或中队长）；二是班级民主推荐的一名普通学生代表。家长代表 3 名左右，要求经过班级家长会议推荐或选举产生。家长代表必须关注学校教育，实事求是地反映家长的意愿和诉求，积极参加班级教育活动。

1. 学生代表应该参与的主要工作及要求

学生是班级的主人，也是班级管理的重要力量与受益者。作为重要成员的学生代表，不仅仅充当老师与同学之间的纽带与桥梁，更重要的是带着全班同学的意见与建议参与班级教育小组的重要决策，使得学生主体作用的发挥以及民主意识与能力的提高成为现实。学生代表主要参与的工作有以下四个方面。

（1）采集信息。

学生代表采集信息时要求牢记代表角色的职责，不辜负全班同学的信任，要把掌握第一手资料作为自己工作的基础，平时要注意收集班级同学的意见与建议，及时与班级教育小组核心成员交流沟通。

（2）参加“三会”。

学生代表要每月至少参加一次“周例会”或“月诊断”会议。班级教育小组每周召开一次“周例会”，每学期召开 3—4 次“月诊断”会议，学生代表不必次次参加。当涉及学生特别关注的议题或进行比较重要的决策时，教育小组组长会通知学生代表参加，学生代表必须明确开会时间、地点、主要议题以及自己需要做的准备工作。

（3）参与决策。

学生代表就相关的议题在班级征求意见或收集相关资料，并将整理好的信息带到会议上。会议召开过程中要积极参与研讨，发表意见，最后经过全体成员民主协商，达成共识，形成决议。

（4）回到班级，贯彻落实。

经过班级教育小组集体决定的活动方案或规章制度，学生代表回到班级要进行解释说明、宣传发动，力争赢得绝大部分同学认同。在此基础上，协助班级相关同学进行活动的组织或制度的施行。

2. 家长代表应该参与的工作及要求

作为班级教育小组重要成员的家长代表，代表着家庭教育的力量与社会教育资源。家长代表一般要参与以下四项工作。

（1）参加班级“周例会”或“月诊断”会议。

如果班级开展的活动需要家长配合，班级教育小组在召开“周例会”之前就应通知家长代表。原则上，家长代表一个月至少要参加一次“周例会”或“月诊断”会议，参与研讨班级教育和管理工作。家长代表在会前需要做好充分准备，按照会议精神，与广大家长就家庭教育或学校教育问题交流意见和建议，把大家普遍关心的教育问题带到会上加以讨论，并代表家长的意愿参与决策。

（2）做班家沟通的重要纽带。

学生的教育离不开家长和教师的共同努力，班级教育需要家长的理解和配合。班级开展的教育活动不是每位家长都能够理解的，家长代表一方面对家长们的意见比较熟悉，另一方面又有机会直接参与班级教育与管理活动，对班级教育工作也比较了解，所以自然成为班家沟通最合适的人。

（3）协助班级开好家长班课程。

为了进一步深化与推进班改，学校要求每个年级成立家长学校，每个班级成立家长班，并制订科学、有效的家长学校课程计划。家长班除了年级统一安排的一些课程与活动外，还要安排具有本班特色的课程，如家庭教育讲座、学生成长专题研讨、教育考察等。家长代表可以利用自身资源优势，帮助班级联系、外请相关的专家学者，也可以从家长中推选出家教成功人士开设讲座。在围绕学校教育组织家长班进行研讨活动时，家长代表可以根据教育小组的计划安排，与全体家长进行联络沟通，保证全体家长都能提前思考，有所准备，力争研讨出有价值的成果，给学校教育或家庭教育提供建议和帮助。

（4）帮助班级教育小组整合利用社会资源。

学校教育离不开社会大环境，但是学校教育往往相对封闭，甚至很少得到社会有力的支持。家长代表具有独特的身份，可以与全体家长进行广泛的联系，并通过家长掌握许多社会资源。当班级教育小组需要在班级开展一些社会实践活动，如组织学工、学农、学军活动，组织社会调查活动，组织公益宣传活动，组织春游、秋游活动，组织文艺演出活动，组织模拟人才市场招聘活动时，这些社会资源就非常宝贵。作为家长代表，应该想方设法挖掘手中的资源，责无旁贷地为班级提供支持和帮助。

（五）班级教育小组组长的特别任务

班级教育小组组长从核心成员中产生，是小组的灵魂人物。组长除了完成作为教育小组核心成员的任务外，还对小组行使行政领导职责，负责牵头小组各项工作，并分配、指导各成员的工作，协调、处理小组内外各种关系与矛盾。因此，组长还有以下 12 项特别的任务。

（1）确定班级教育小组重要成员名单。

通过民主程序，选出班委与团支委（中队委），班长与团支部书记（中队长）将直接成为班级教育小组的重要成员，另外再民主推荐 1 名普通学生代表参加教育小组。家长代表则通过班级全体家长会议民主推荐，最后确立 3 名左右。

（2）牵头制订班级工作计划并检查督促实施情况。

组长首先提出本班教育工作思路和目标，拿出计划的初稿，牵头召集教育小组成员对初稿进行讨论，听取所有成员的意见，然后再进一步加以修改，形成正式文本，发给小组成员过目，如果没有新的修改意见就定稿。组长还要指导核心成员制订相应的分工计划。在计划实施过程中，组长必须对各项计划的实施情况进行检查督促，保证计划的有效落实。

（3）明确职责分工。

组长通过与核心成员沟通，根据成员各自的特性、特长提出分工的设想以及各自的职责任务。当方案提交教育小组会议讨论并修改确定后，组长将分工结果做成表格，人手一份。

（4）召集核心成员“日碰头”。

每天与核心成员至少开一次碰头会，了解、交流当天的班级工作，及时指导各成员开展工作。

（5）召集“周例会”。

明确班级教育小组每周召开“周例会”的时间，并上报年级组。每周召开“周例会”之前，思考“周例会”需要讨论、解决的主要问题，必要时先与参会成员进行会前沟通，要求相关成员做好会前准备工作，提高会议的效率。

（6）召集“月诊断”会议。

提前将会议需要解决的主要问题告知参会人员，并将相关信息资料发给参会成员，要求所有参会人员做好会议准备。在“月诊断”会议上，介绍班级总体情况，对存在的问题加以分析，并全面听取参会成员的意见，最后做出决策或形成合理的解决方案。

（7）推动班级自主管理。

组织班级学生干部对班级自主管理的目标、途径、方法以及制度进行专项研究，把涉及班级自主管理的问题逐一落实给学生，达到“人人有事做，事事有人做”的要求。

（8）加强班级文化特色创建。

提出班级文化建设的目标、基本思路、规划设想，特别是班级文化特色的定位，召集班级教育小组全体成员进行专题讨论，形成方案。依据学校有关规章制度，结合班级情况，组织全班学生讨论制订班规、确定班风，班规、班风都要凸显班级文化特色。

（9）组织班家交流沟通。

参与家长学校课程计划的设计安排、落实。当年级家长学校集体授课结束后，组织班级家长研讨。利用班级的网络平台，如 QQ 群、班级网页、班级博客、班级论坛等，经常与家长取得联系，获取家长对班级教育管理方面的意见或建议。联系家长代表参加“周例会”或“月诊断”会议。

（10）总结反思。

经常就班级工作进行总结反思，对小组成员所分管的工作中好的经验进行积极评价、宣传，并加以提升推广，对班级工作中出现的偏差，及时发现，及时纠正。

（11）上传下达。

参加学校或年级召开的教育小组组长例会，代表班级教育小组汇报工作，并及时传达、落实会议要求。

（12）团队建设。

加强班级教育小组团队建设，不断提升团队整体素质，为全体成员做好榜样。采取积极措施，凝聚力量，形成共识，齐心协力，为创建班级特色文化共同努力。

二、班级教育小组的组织与制度建设

（一）班级教育小组的组建

1. 班级教育小组组建方法

班级教育小组的组建实行“1＋N”的模式，即组长1名，组员若干名。

（1）班级教育小组组长选任。

程序：个人申请，年级组推荐，教导处研究确认后，报学部审批。

组长基本条件：具备对学生和班集体建设的教育和管理能力；具备一定的领导能力，包括组织能力、协调能力、策划能力等；性格里还要具有包容性、亲和性、接纳性、合作性。

（2）组员的选配。

原则上教师全部进入班级教育小组。班级教育小组成员分核心成员和重要成员。

核心成员：3—4名教师（含1名生活教师），其中语文、数学、外语教师不少于2人，每班只安排1名外语教师。

重要成员：学生代表3人，班长、中队长（或团支部书记）以及普通学生代表各1人，家长代表2—3名。

组员选配要求：年级领导小组根据年级各班的实际情况，科学合理地加以组合，要充分考虑小组成员之间的适配性，这里的适配性主要指相容性、平衡性和异质性。相容性是指成员之间能够和谐相处，互相协作，互相包容。平衡性是指学科平衡和性别平衡。异质性指能力异质、个性异质和年龄异质。

当然，比较理想化的组建方法是全年级的老师自由组合，组长与核心成员实行双向选择。这种方法的好处在于小组的团队建设更加和谐，缺陷是容易造成组与组之间的严重失衡。所以在操作时，必须采取两方面结合，即在自由组合的基础上由年级领导小组进行平衡组建。

2. 组建过程中需要注意的一些问题

班级教育小组不是一个普通的群体，而应该是有目标、有组织、有制度、有文化、有凝聚力的教育团队。每个成员都是这个集体的有机构成，都应该服从集体，受集体制度的制约，成为小组利益的捍卫者，小组策略、措施和各种决定的坚决贯彻者。因此，组建班级教育小组是一项很重要的工作。组建过程中需要注意以下几点。

（1）能力均衡性。

一个年级几十位教师，如何均衡地分配到班级，使得每个班级教育小组整体教育能力相当，避免出现弱弱组合的局面，需要年级组充分讨论，民主协商。

（2）性格互补性。

组建过程中要切实考虑到教师的性格特点，如果一个小组的几位教师性格都很内向或都很外向，这样的群体组合总是有缺憾的。

（3）性别搭配。

小组核心成员有 3—4 位教师，在组建时要充分考虑到教师的性别，原则上不能形成一个小组都是男教师或都是女教师的局面，最好是男女教师兼有，这样对学生的教育更具科学性。

（4）新老搭配。

新教师活力四射，老教师经验丰富，新老搭配能互相取长补短，发挥各自教育优势，为学生的全面发展创造条件。

（5）学科搭配。

每个小组原则上语、数、外三科教师不少于 2 人，年级组的每位教师都要进入班级教育小组。

（6）师生适配。

这种适配性要求为班级配备最适合、最受欢迎的教师，从而收到“亲其师，信其道”的效果。

总之，班级教育小组的组建应该是动态的，直到组成最佳的管理团队。组建完成后，年级组统一安排办公室，尽量做到班级教育小组成员一起办公，为集体研究和诊断班级学生提供便利。

（二）班级教育小组的工作制度

1. 班级民主决策制度

（1）班级民主决策的概念。

班级教育小组成员就某个问题集体讨论、各抒己见，经过辨析、比较，尽可能取得共识，并代表多数人的意见形成一个决定或方案，这种决策形式就称为班级民主决策。

班级民主决策尊重每一个参与者的意见。在做决定之前，与会成员都有话语权，大家平等交流。但是当按照多数人的意见做出决定后，全体成员都应该服从并积极落实。

（2）班级民主决策遵循的主要原则。

班级教育小组进行民主决策时，要遵循以下主要原则。

① 全息原则。

教育信息是教育小组决策的基础，在通常情况下，决策的科学性、正确性与会前收集的教育信息成正比，教育信息越及时、准确、全面，决策思维就越具有深度和广度。决策过程实际上也是一个教育信息的收集、加工和转换的过程。全息原则对民主决策的要求是要建立和健全教育信息通道，充分发挥学生和家长的作用，尽可能全面收集与决策事项相关的信息，并提高对信息的分析、处理与加工水平。

② 预测原则。

班级教育小组民主决策都是对学生未来教育问题所做的一种设计，是在事情发生之前的一种预先分析和抉择，具有明显的预测性。科学的预测，要求小组成员高瞻远瞩，全面了解学生的发展趋势，从定性、定量两个方面作综合预测，才可能减少和避免决策失误。

③ 可行性原则。

与会成员在决策时，要充分考虑形成的决议是否具备实施的现实条件。可行性原则对教育小组决策的要求是要在现有的教育条件下，集体形成的决议在人、财、物、时间等方面能否得到保证，不顾现实条件的决策是不可行的。

④ 择优原则。

班级教育小组决策时，通常要在几个教育方案中进行选择。择优原则就是要追求优化和满意，与会成员要就班级教育问题充分协商，民主讨论，提供若干备选方案，通过分析、比较和筛选后，从若干个教育方案中产生出满意的实施方案。

（3）班级民主决策的主要内容。

班级教育小组需要民主决策的内容很多，概括起来主要有以下 8 个方面：

① 确立班级目标、班风、学风，研究制订班规、班级教育工作总体计划、操作方案及实施细则。

② 制订并实施德育与学科教育的整合方案。

③ 制订并实施各学科间的整合方案。

④ 制订班级文化建设规划，逐步形成班级文化特色。

⑤ 培养和选拔班级学生干部，指导学生干部开展活动，提高班级自主管理的水平。

⑥ 研究学生特点，帮助学生树立理想，指导学生确立个人发展目标或生涯规划，落实师生牵手计划。

⑦ 班级重大教育活动方案的研制和实施。

⑧ 学生多元评价。

2. 集体负责制度

（1）何为集体负责制度？

在班主任负责制下，班主任的决定不需要与其他任课教师商量，也不需要与班级学生商量，一个人思考，一个人决策，一个人落实。而现在建立班级教育小组负责制，班级教育小组由班主任、部分任课教师、学生代表、家长代表组成。其中，班主任任组长，部分任课教师、生活教师为核心成员，班长、团支部书记（或中队长)、班级家长委员会主任为重要成员。管理班级不再是一个人承担，一个人说了算，而是由一个集体来担当。定制度、定计划、做决定都必须经过班级教育小组这个集体，遵循集体研究、集体决策和集体行动的原则，教育学生和管理班级的责任大家共同承担。尤其在处理班级重大问题时，组长要调动大家的积极性，听取大家的意见和建议，运用集体的智慧和力量，充分调动和发挥每个人的优势，扬长避短，形成优势互补、效能最佳的团队。

(2) 第一责任人制度。

所谓责任是角色任务，也就是承担该承担的责任，完成该完成的任务，做好该做的工作。如果没有做好自己工作，就应承担不利的后果或强制性义务。第一责任人，就是第一个要承担起责任的人。第一责任人制度又称“首责制”。就班级教育小组这个集体而言，组长和组员首先是一种行政关系，他们之间是一种管理与被管理、领导与被领导的关系。组长不仅是班级的领导者和管理者，是学生个体成长的教育者和引路人，要对学生的知识学习、能力培养、身心健康和道德品质形成等诸方面负责，还是任课老师的协调者、组织者，带领全体教育小组成员贯彻学校各项政策、理念和制度，执行学校各部门对学生和班级各项管理制度和政策，进行家校联系，形成教育合力。组长必须带领小组成员发挥集体管理和教育功能。当然，组长与组员还具有一般的工作关系，与小组成员在工作上保持联系、协调，互相支持与配合，形成一个教育团队。总之，组长是班级教育小组的核心，在班级各项管理和教育问题上务必首先担负责任、承担后果。这种认识成为班级管理共同遵守的办事规程和行动准则。

(3) 处理好集体领导和个人分工负责的关系。

班级教育小组集体领导和个人分工负责是辩证的统一。集体领导对于充分发挥教育小组集体智慧，进行民主管理，提高科学决策水平，营造和谐健康的班集体，有着十分重要而深远的意义。多年的教育实践表明，没有教育小组的集体领导，就难以做出科学决策；没有小组成员的分工负责，班级管理的决策就不可能得到有效贯彻落实，集体领导就徒有虚名，流于形式。正确处理教育小组集体领导和个人分工负责的关系，应着重把握以下几点。

① 必须处理好组长和组员的关系。

班级管理在坚持集体领导的过程中，组长必须带头将自己置于集体领导之下，严格遵守班级议事制度和决策程序，正确认识和处理好两种关系。

一是异与同。讨论班级重大问题，如果总是异口同声，或是鸦雀无声，很可能教育小组成员间所保持的只是形式上的一致，而不是实质上的一致。所以，班级教育小组正确的决策方式应是由异到同，让大家充分酝酿，各抒己见，在有“异”的基础上求“同”，才能达到形式和实质的真正统一，使小组决策更科学，更贴近于实际。

二是多与少。教育小组集体领导的原则是少数服从多数，在讨论班级问题时，既要尊重多数人的意见，也要重视少数人的看法。组长既要有魄力，善于在发扬民主的基础上果断拍板，又要尊重组员的意见，善于集思广益，实行正确的集中。组员发表意见，尤其是不同意见，都是经过慎重考虑才讲出来的，它蕴含着对班级工作的负责精神。如果搞简单的少数服从多数，会挫伤其积极性，不利于获取最佳教育方案，久而久之，容易导致无原则的顺从和随声附和的不良现象。

② 必须处理好教育小组决策的民主和集中的关系。

实施集体领导，没有一个参与决策的良好环境，民主空气不活跃，就很难形成正确的决策。在研究班级教育问题时，小组成员要充分讨论，畅所欲言，提出不同的建议和意见，然后大家把这些好的建议和意见进行筛选和归纳，形成几种教育方案。在这些教育方案中，大家进行充分酝酿，民主协商，最后定出最佳方案。

③ 必须明确责任关系，落实个人分工负责。

教育小组集体讨论做出的决策如何落到实处，重在落实个人分工负责。每个小组成员要尽职尽责抓好自己分工负责的工作，尤其是组长不能大包大揽去管组员分工负责的事，否则容易限制组员的积极性，降低工作效率，增加摩擦点，使组员养成“有事向组长请示，凡事请组长点头”的依赖作风。属于组员分工负责的事，组长放手让他们大胆去干，积极支持，这样教育小组每位成员的积极性和创造性才能得到充分发挥，才能提高整体教育效能，使班级管理充满生机和活力。

3. “三会”制度

所谓“三会”，是指“日碰头”“周例会”“月诊断”三种形式的教育小组工作会议。“三会”制度就是要求班级教育小组核心成员每天进行至少一次的工作交流，及时解决遇到的问题；每周召开一次例会，可以要求部分重要成员参加，对本周的工作进行总结反思，对下周的工作进行布置、安排；每月召开一次“月诊断”会议，一般要求全体教育小组成员（学生代表除外）参加，对班级一个月的工作进行全面分析总结，特别是对班级部分学生个体进行全面分析诊断，找出问题所在，提出解决方案。

“三会”制度是班级教育小组民主决策的基本途径。坚持“三会”制度，有利于集思广益，形成教育合力，并及时纠正工作中出现的偏差。特别是每月一次的“月诊断”会议，将保证班级教育小组能更好地把握工作重点与关键，明确努力的方向。

班级教育小组是班级教育的领导核心。集体领导、集体决策、集体行动是班级教育小组开展各项工作的基本要求。班级教育小组核心成员集中在同一个办公室办公。一般成员根据班级实际要求而定，有选择地参与研讨、决策等过程。班主任是教育小组的组长，负责所有成员的召集、协调工作，并组织开展各种教育活动。在此条件下，建立“日碰头、周例会、月诊断”的“三会”制度是非常必要的。

（1）“日碰头”。

班级教育小组核心成员每天集中办公，在同一办公室经常碰头，了解学生情况，协调各学科间的教育问题，是教育小组常规性的工作，时间一般为 5—10 分钟，特殊情况的时间视具体情况而定。“日碰头”随机性较强，形式多样，内容灵活，形成工作习惯。

（2）“周例会”。

“周例会”以班级教育小组的核心成员为主。由教育小组组长召集，有固定的时间和地点，研究内容相对固定，有签到记录和会议记录。主要是小结本周班级工作，重点分析本周工作中的得与失以及改进措施。在此基础上，充分了解班情学情，研讨并安排下周班级工作。教育小组核心成员视情况可要求班级教育小组的重要成员参加，时间一般在20分钟左右为宜。

(3)“月诊断”。

“月诊断”一般要求全体教育小组成员(学生代表除外)参加。教育小组组长召集班级全体任课教师和生活教师，对班级学生发展现状有着详尽的诊断和分析，分析后要有具体的教育措施。“月诊断”规定每学期不少于3次，一般为1.5—2小时，对班级每位学生进行集体诊断，并制订指导方案，分包落实到教师个体。研究内容：了解每个学生的个性特点，帮助学生树立理想，指导学生进行生涯规划；做好后进学生的转化工作，鼓励他们进步，并给他们切实的帮助与指导；培养班级干部自身素质，指导班级干部开展各种活动；化解班级教育过程中出现的各种矛盾；就孩子的成长问题与家长进行交流沟通，争取家长的配合与支持；规范学生行为，维护班级良好秩序，保护学生的合法权益，处理班级各种突发事件；加强理论学习，提高自身素质，总结反思班级工作实践等工作。

4. 分工协作制度

(1) 分工的含义。

分工是为了提高班级管理的专业化程度和工作效率，把建设班集体的任务与目标分成各个层次、各个人的任务和目标，明确各个层次、各个人应该做的工作以及完成工作的手段、方式和方法。

(2) 班级教育小组如何进行分工。

班级教育小组在分工前，必须研讨班级工作的主要任务、目标、重点是什么。如班级日常工作的开展，包括“三禁一穿”①、学习纪律、教室卫生、学生思想与心理教育等工作。还有班级重大活动的安排和组织，如社会实践活动、重大校园节日活动、师生牵手活动、主题班会、队会等。明确了这些内容，才能进行有效的分工。分工力求发挥每个小组成员的优势，让组员做自己愿意、擅长的工作。比

① “三禁一穿”是南京外国语学校仙林分校在常规管理中提出的“禁止学生携带手机、游戏机、零食进校园，教学区必须穿校服”的简称。

如，校园“六大节”活动：语文教师负责读书节，外语教师负责外语节，有运动天赋的教师负责体育节，有艺术天赋的教师负责艺术节等。总的指导原则是发挥小组成员各自的特长与优势，人尽其才，扬长避短，形成优势互补、效能最佳的团队。

特别要注意的是，分工后不能离开全局，各行其是，一定要围绕班级总体目标，密切合作。分工、合作是一个有机整体，没有分工往往就会人浮于事，相互推诿。有了分工也不能离开全局，各行其是。成员如何分工没有固定模式，这里仅提供一种思路，每个班级教育小组都可以也应该根据班情确定分工的方法，原则是人人有事干，事事有人干，整体效益高。

(3) 统一要求的“四项分工”。

学校高度重视班级教育小组成员的分工。除了各班有具体分工以外，对于所有班级教育小组有统一要求，即班级工作的“四项分工”。一是值日班主任或值周班主任制度。每天(每周)有一名班级教育小组成员承担值日班主任(值周班主任)工作，即要求班级教育小组的每位成员在某一天(某一周)负责班级全面工作，相当于传统意义上的班主任。值日的这一天，这位老师除了完成班级的常规检查督促外，还应该了解学生的学习、生活、思想等情况，发现问题及时加以处理。二是重大活动分工负责。对于包括学校、年级、班级的重要节日活动在内的重大活动，教育小组成员明确分工，每人担任一项或几项活动的策划、指导和评价。三是主题班会的分工。每学期的主题班会不再由组长一人承担，而是由班级教育小组成员共同承担，每人根据班级情况结合自身特长组织主题班会。四是师生牵手。教育小组成员分包班级的部分同学，进行个性化的指导与帮助。牵手活动要求教师明确帮扶对象，为牵手对象提供多方面的关心帮助，包括帮助其制订目标与规划，帮助其提高学业成绩，帮助其建立学习与生活的信心，帮助其解决心理或身体上遇到的一些麻烦等。教师和学生都有计划、有目标，共同成长，共同进步。牵手活动是教育小组落实个性化教育的最重要保证。经过“月诊断”会议形成的对学生个体的分析定位与帮助计划，可以通过牵手的方式进行落实。在建立牵手关系时，要充分考虑教师与学生各自的特点，有针对性地进行合理安排，做到因材施教。

班级教育小组的分工是全员育人、集体负责、集体行动的重要体现，也是强化班改意识、优化教育资源的重要措施。全体教育小组成员分工协作、积极配合，使得班级管理迈向了新的台阶。

（4）处理好分工与协作的关系。

从广义来说，分工是指明确具体的工作范围和职责。我们应该把主要的工作重心放在这项工作上。它能体现个人的工作能力、分工内的工作的热情和用心程度，能反映出个人的工作效能。而协作是整体范围内相互帮助、支持对方的工作来完成工作，在某项事情上做到相互帮助、相互支持，显示整体效能的一种方法。协作的过程是交换的过程，这种协作是经常的，它与合作大体相同，但又区别于合作。它体现的是整体力量和相互的团结性。协作要在“和”的条件下才能产生。分工离开了协作，其积极作用就荡然无存了。

班级教育小组分工，组员之间的职责更加明确，班级管理工作更加有条不紊。而在小组成员分工的前提下又必须相互协作，特别是在特殊情况下，如校园重大活动、学生突发事件等。协作好了，任何阻力都可以克服，任何困难都可以战胜。有了协作才能体现整体效能，才能提高教育效率。有了分工必须有协作，有了协作才能体现整体的团结互助、相互支持的互助精神。

分工协作是提高工作效率的基本手段。分工可以使每位小组成员专注于自己的领域内的工作，有利于提高工作和创新效率，同时也有助于组员经验的积累和知识的完善。而组员之间的协作又可以达成个体之间的优势互补，产生一种集群生产力和创造力。处理好分工与协作的关系，必须以上下左右的精诚团结为前提。一是要分工不分家，坚持教育目标一致性原则，分工明晰，目标明确，但务必相互支持，相互配合，做到齐头并进。二是要协作增合力。坚持“先分力、后合力”的顺序，以谋求最大教育合力。三是要相互尊重，和谐共处。同事之间应相互理解、支持，真诚相待，严于律己，宽以待人。四是要敢于承担工作失误的责任，不得揽功诿过、回避责任，体现权责统一。

（三）如何落实“四项分工”

所谓“四项分工”，是指学校统一要求各个班级教育小组落实的四种分工：一是核心成员每周至少做1天值日班主任，或每学期至少做3—4周值周班主任；二是核心成员每学期至少承担1次主题班会任务；三是核心成员每学期至少承担1次重大活动的组织策划任务；四是任课老师每人都必须牵手班级的几位学生。

班级教育小组对“四项分工”应该给予充分重视，把落实“四项分工”情况，作为检验班级教育小组工作成效的重要指标。

1. 核心成员率先垂范

每一个教育小组的核心成员，是承担分工任务的骨干与主力，也应该成为其他成员的榜样。每一个核心成员应该从以下四个方面努力。

(1) 有主动工作的意识。

有人说，教育小组核心成员都是班主任，这话不是没有道理的。每个教育小组的核心成员都要有以往的“班主任”意识，在自己的分工范围内，就是“班主任”。因此，必须养成主动工作的意识。教育小组的核心成员一方面要协助组长工作，但同时，在分工领域内又需要独立开展工作。要克服以往的依赖思想，不能什么事都等着班主任来处理，什么问题都向班主任汇报，自己成了局外人。核心成员无论是参与“三会”讨论决策，还是分工承担一部分任务，都要积极主动，强化主人翁意识。

(2) 有自己独立的工作计划。

如果各项工作计划都由教育小组组长去制订，小组核心成员只是去执行，那么班级工作还只是班主任一个人在工作，只是多了几个“工人”而已。班改中一个很重要的方面就是综合各科教师的智慧与才能，把这些分散的力量集中起来，整合起来，优化起来，只有每个人都贡献出自己的智慧与才能，才能谈得上整合与优化。教育小组核心成员要认真分析班级特点，就自己负责的某个方面认真拟定计划，再到教育小组会上讨论，最后确定一个既有教师个性又符合班级特色的行之有效的工作计划，这样的工作才能既有秩序，又有活力。

(3) 有自己的工作方法与特色。

每个教育小组成员虽然只是小组的一员，但工作时都是一个独立的管理者，要有自己独到的方法与特色，这是别人无法代替的。教师的工作是对人的工作，人与人的交流方式实质是心与心的交流，情感与情感的交流，是思想的碰撞，这是一种难以复制的交流。交流者的个性是不可替代的，因此，每个人的交流方法也应该具有自己的特色。

一个有了好的工作方法的成员，他的工作是别人无法代替的。有时候，教育小组组长也无法做好的某个方面，以小组成员的身份与方法去做却能够更有效果，做到恰如其分。这样做，学生就有更多的机会与班级各位老师沟通交流，对他们的成长更有帮助。

(4) 及时与其他成员沟通。

核心成员工作时一定要注意与组长及其他组员之间的沟通与协调。“日碰头”和“周例会”是这种交流沟通的良好形式。教育小组成员要充分利用“日碰头”和“周例会”这样的机会及时交流、调整自己的工作。

班级是一个生动活泼的集体，教育小组的工作也不可能一成不变，及时而灵活地工作才能更好地管理班级。因此，教育小组成员一定要把班级新出现的情况及时与教育小组组长及其他成员沟通，通过集体的力量在最短的时间内找到最有效的工作方法。

另外，教育小组成员要注意分工的工作与班级其他方面工作的一致与协调。分工只是为了调动每个小组成员工作的积极性，发挥每个成员的智慧与力量，而不是各自为政。分工是为了把工作做得更有效，更高效。只有当分工始终围绕班级整体工作展开，班级教育小组才是和谐的整体，才是有力的整体，才是高效的整体。只有这样，班级工作才是真正高效的、有力的、生动而愉快的。

2. 组长做好指导、督导工作

教育小组组长作为特别的核心成员，除了带头完成自己承担的分工任务外，还要指导别的成员开展各自分担的工作，并在此过程中，加强检查督促。具体工作过程中要注意以下几个方面。

(1) 努力激发组员的活力。

班级教育小组组长作为团队的灵魂，最重要的任务之一是把全体组员的工作热情调动起来，把需要处理的事情合理分配给大家去完成。组长不但要善于授权，更要善于激发组员的工作积极性与生命活力，对组员充满信任，充满信心。在工作过程中，注意观察各个组员的工作情况，发现他们遇到难处时，及时出手相助；发现工作出现偏差时，及时而又有策略地加以纠正。做到取得的成绩完全记在组员的名下，绝不与组员争功劳；出现的失误算到自己身上，保护组员的积极性。这既是一种领导力、领导艺术，更是一种领导胸怀。

(2) 在沟通中给予帮助引导。

沟通能力是每一个好的管理者最基本的素质。① 作为教育小组组长，始终要把与组员、学生、家长的沟通工作摆在重要的位置。沟通既是思想与心理的交流，也是进行工作指导的良好途径。在沟通过程中，组长可以倾听到组员的心里话和真实想法，也可以了解到组员在工作中遇到的种种困难，包括心理需求。在这样一种坦诚轻松的氛围中，组长可以不动声色地提出自己的建议、要求，也可以在后面的工作中默默地为解决组员的困难或需求做一些实实在在、有针对性的事情。

(3) 通过资源整合给予组员帮助。

教育小组的重要功能之一就是对教育资源的利用与整合。作为组长，在这个方面需要多动些脑筋，多想一些办法，通过整合资源，为组员提供帮助。

第一，帮助组员寻找工作资源。因为组长比组员拥有更多的管理资源与信息，所以当组员所分配的工作需要支持时，组长应该主动帮助寻找一些需要的资源。如，请有经验或特长的老师参与计划，安排某些学生参与组织，邀请某些家长提供力所能及的支援，与行政部门联系，请求提供政策支持，等等。

第二，指导组员合理利用资源。有了资源，不一定就能利用好。组长除了帮

① 卡耐基. 人性的弱点全集[M]. 袁玲，译. 北京：中国发展出版社，2002：110 - 220.

助组员寻找必要的资源外，还应该建议组员合理利用取得的资源。当然，如果组员本身已经很好地使用了资源，组长则不必多言。如果组员对资源的利用缺乏经验或缺少想法，组长可以适时给予提示，用商量的口吻提出自己的想法。比如，班级的学生中有擅长写作的，有擅长美术、书法的，有擅长歌唱的，有擅长运动的，还有擅长交际的，等等。擅长写作的人可以帮助搞宣传报道；擅长美术、书法的可以负责板报设计与抄写，或写写标语；擅长歌唱的则安排其策划班级的一些文艺活动。总体来讲就是人尽其才。当然，在学生家长中，也有许多人才资源，可以经过交流沟通，邀请他们参加或者帮助班级组织一些特色活动。

第三，通过整合资源提高整体效益。每一位小组成员都有自己承担的工作，有时大家各自忙着自己的事情，往往不能彼此协调或彼此配合。组长因为更具有全局意识，所以往往可以将分散独立的工作联系起来做，同时也就将分散的各种资源整合起来利用。

整合资源的前提有两个，第一是对拥有的资源特性比较熟悉，如同种资源有哪些价值差异，异类资源是否能够取长补短，趋利避害；第二是明确知道不同组员负责的工作怎样融合成为一个更有价值的整体。

3. 任课老师把牵手工作落到实处

并非只有教育小组核心成员才有牵手任务，所有任课老师都应该承担所任教班级学生的牵手结对工作。那么作为牵手老师需要怎样开展这项工作呢？

(1) 充分认识牵手活动的目的、意义。

在班级教育过程中，为提高教育质量和教育效果，任课教师与学生一对一或一对多进行结对帮扶，就是我们所说的“牵手活动”。牵手活动要求教师为牵手对象提供多方面的关心和帮助，包括帮助牵手对象树立信心，提高学业成绩，解决身心遇到的一些麻烦，指导其制订生涯发展规划等。教师和学生需要共同确定帮扶计划、帮扶目标，在牵手过程中，教学相长，共同进步。

牵手活动是班级教育小组落实个性化教育的最重要保证，是落实班级教育小组诊断方案，优化教育资源，提高教育针对性、有效性的很好途径，也是学生成长的一种现实需要。经过“月诊断”会议形成的对学生个体的分析定位与帮助计划，可以通过牵手的方式进行落实。在建立牵手关系时，要充分考虑教师与学生各自的特点，有针对性地进行合理安排，做到因材施教。

我们要对牵手学生在思想上给予启迪，在生活上给予关心，在学习上给予帮助，对心理上给予辅导。一些有个性、有特长的学生，渴望有良师的指导与帮助，以更好地发挥兴趣爱好；有一些学生在成长过程中，遇到困惑与疑难，他们需要倾诉的对象，更希望得到教师的理解与帮助。这一切既是实施牵手活动的原因，同时也是牵手活动的意义所在。我们把牵手活动的意义简要概括为以下四点。

第一，融洽师生情感。通过牵手，拉近了师生间的心理距离，融洽了师生关系，使德育工作更具针对性和实效性。师生通过双向结对牵手，关系比较密切，双方交往较多，学生更愿意把自己心里话告诉自己的牵手老师。而牵手老师也大多是在平和、融洽的气氛中、有针对性地对牵手学生进行帮助、引导，容易使学生产生认同感。

第二，把“全员育人”落到实处。以往的德育实践中，“全员育人”还是比较虚化的，许多教师在思想上明白自己有德育的责任，学科教学中也能进行一些德育渗透，但落实到具体的学生、具体的德育工作上很少。牵手活动的实施，明确了每一位教师都是班级教育小组成员，在教好课的同时，还必须承担班级管理的具体任务，使教师的育人职能显性化、育人对象具体化，从而促进广大教师真正承担起德育教育的职责，使学校“全员育人”落到实处。

第三，促进教师自身素质和教育水平的提高。育人先育己。牵手活动使每一位教师都负有对一定数量的学生进行思想教育、学习指导、心理辅导的责任，更多地参与班级管理，使广大教师得到更多锻炼；同时也要求教师不断加强自身的思想道德素养，以身作则，加强对学生个体心理、行为的指导与研究，从而也有利于教育水平的提高。

第四，真正形成关心学生的多层网络。这一网络由年级组长、班级教育小组组长、任课老师、牵手老师共同编织而成，每一位同学都处于这张关爱网中，随时都能得到老师的帮助与指导，有利于学生的成长。

（2）明确牵手活动的基本原则。

牵手活动应该遵循以下四项基本原则。

① 个性化原则。

承认学生之间的个性差异，善于发现个性，研究个性，发展个性。

② 亲情化原则。

建立民主平等的师生关系，尊重学生，和学生交朋友，给学生以父母般的关爱，成为学生的良师益友。

③ 渐进性原则。

遵循青少年学生的身心发展特点和认知水平，循序渐进地实施教育。

④ 实效性原则。

注重实效，不流于形式。加强过程管理，健全科学的评价机制，全面充分地关爱学生，促进学生学会做人，学会求知，学会健体，学会生活，激励学生健康向上。

（3）合理确定牵手对象。

牵手双方的确立，应该体现民主协商与自愿选择的原则。在牵手实践中，常常有以下三种确定的方法。

第一，学生选择老师。将事先拟好的表格发给每个学生，让他们自由选择自己喜欢的牵手老师，然后统计出来，做适当的调整。这种做法的依据是，学生与喜欢的老师牵手，效果会更佳。

第二，老师选择学生。在班级教育小组会议上，通过对每个学生个体的分析，包括每一个学生的智力与非智力发展状况，特别是个性特长及学习现状，教育小组老师提出自己的牵手意向，在此基础上进行统筹安排，将学生分包到老师名下。尤其是对于有薄弱学科的学生，相关薄弱学科的老师宜主动予以牵手，并给予重点关注。这种做法要客观理性，目标明确。

第三，双向选择，多方协调。在学生自我选择的基础上，教育小组的老师集体商量，包括听取部分家长的意见，最后确立牵手双方。这种做法兼顾到了老师、学生、家长的意见，更加符合整体的利益，对于学生的发展将会更加有利。

(4) 明确牵手老师的基本任务。

牵手老师既是一位学生可信赖的良师，又是一位学生生活的长辈，更是一位学生成长的益友。不仅在学业上指导学生，还要关注牵手对象的家庭教育环境、心理健康状态等综合因素，并给予恰当的辅导、帮助。牵手老师的基本任务有四个方面。

① 学业指导。

牵手老师按因材施教的原则，指导牵手学生学习，参加社会实践活动，培养他们观察、分析、解决问题的能力，端正学习态度，激发学习动机；帮助学生了解自己的学习潜能和特点，教给他们学习方法，培养他们的学习能力，使其顺利完成学业；对于高中阶段的学生，牵手老师还需对其进行生涯规划指导，引导他们逐步学会规划人生，为其终身发展奠定基础。

② 思想引领。

牵手老师要帮助、指导牵手学生形成良好的思想道德和心理素质，关注他们的思想品德、行为表现，帮助他们树立正确的人生观和价值观，防止和纠正不良行为的产生和发展。主要是教育他们遵纪守法，培养自主、自律意识，养成良好品性。

③ 生活辅导。

牵手老师要关心牵手学生的日常生活，帮助他们解决生活中遇到的困难，端正生活态度，树立正确的世界观、人生观和价值观，学会合理安排校园生活，提高生活质量；指导他们合理安排课余生活，引导他们参加积极向上的文化娱乐活动。

④ 心理辅导。

牵手老师要关心牵手学生的身心发展，及时帮助他们消除和克服心理障碍，帮助他们解决在学习、生活、身体、心理等方面的困惑；激发他们自尊、自爱、自主、自信和各方面蓬勃向上的愿望。

(5) 认真做好八项具体工作。

我们把牵手任务具体分解为以下八项更为具体的工作。

① 了解工作。

全面了解和掌握学生的基本情况，及时掌握学生思想动态，主动与学生交心交友，建立良好的师生关系。

② 谈心工作。

负责牵手学生的思想教育、心理疏导，每周至少谈心交流一次。

③ 个辅工作。

负责牵手学生本学科的个别辅导，帮助其提高学业成绩。

④ 整合工作。

负责牵手学生各学科间的协调，与其他任课教师多交流，尤其关注该生的薄弱学科，联络班主任、各任课教师、家长，协调行动，达成共识。

⑤ 学法指导。

指导牵手学生形成科学的学习方法、良好的学习习惯。

⑥ 诊断分析。

关注牵手学生阶段性学业状况，如进行期中考试、期末考试成绩分析。与牵手学生共同填写成长记录表、个性诊断表。

⑦ 理想目标教育。

初中阶段指导学生确立目标卡管理，高中阶段指导学生进行生涯规划，为每位牵手学生建立成长记录档案，跟踪他们成长的轨迹。

⑧ 与牵手学生的家长联系沟通。

牵手老师必须对学生本人及其家庭有必要的了解，对家庭情况进行简要分析，包括家庭的结构，尤其是单亲、重组的家庭要作为重点。每月和家长通一次电话，就孩子的状况与家长进行沟通。

(6) 关注牵手活动的注意事项。

在牵手过程中，除了遵循一些基本原则外，以下三个方面也必须把握好。

第一，把握“牵”的时机。平时、随机，如利用晚自习值班时间找学生谈心就是一个好的选择；事后的机会，如期中考试后，找学生分析错误原因，并对其进行鼓劲；突发事件后的机会，如学生因违纪被处分后，应帮助学生提高认识，改正错误。

第二，找准“牵”的突破口。寻找学生问题的形成原因（如人格缺失、社会变化、家庭教育、心理压力）；掌握突破的方法（如严爱结合）；找准切入点（是人格缺失问题的就补救，是社会变化问题的就适应，是家庭教育问题的就沟通，是心理压力问题的就疏导）。

第三，沟通是牵手的基础。牵手工作离不开彼此沟通，沟通从心开始。沟通的首要技巧是倾听，沟通的最大敌人是发号施令，夸夸其谈。沟通与宽容相伴，学生犯错误在所难免，牵手老师要有宽容之心。

三、班级管理体制改革的推进与评价

任何一项重大改革，除非是彻底推翻现存制度的革命，都不能离开行政力量的推动，否则往往会以失败告终。在班级管理体制改革的实践中，南外仙林分校特别重视课题引领、行政推动与评价调节，这也保证了改革的顺利推进。

（一）大教导处在班改中所起的作用

南外仙林分校包括小学部、中学部、国际高中部。三个学部相对独立，各学部将教学处、学生处、教科室合并成立大教导处。大教导处根据本学部的实际，组织实施本学部的各项工作。班改是学校三项中心工作之一，大教导处在班改方面主要做了四个方面的工作，即决策领导、搞试点、树典型、抓培训。

1. 决策领导

大教导处在校长室的领导下独立自主开展工作，当学校提出班改的任务后，决策领导是大教导处的首要工作。决策领导主要有三个方面工作。

（1）制订规划。

班改是一项体制创新，牵一发而动全身，不是一朝一夕就可以完成的。大教导处需要拿出较长期的规划。南外仙林分校的班改工作目前经历了三个基本阶段：局部试点、全面推开、完善深入。每个阶段的工作目标、任务、措施与安排都要经过教导处全体会议研究，再形成可行的方案。

（2）下达任务。

完成规划工作后，教导处要将相关的任务下达给各年级领导小组，要求各年级具体落实。教导处通过年级主任或年级组长会议，明确提出现阶段（一学期或一学年）的工作任务及要求，并要求各年级制订本年级的班改工作计划。

（3）检查评比。

检查工作是教导处的一项常规工作。检查的内容包括台账（计划、分工表、工作记录、工作总结等）、“三会”、日常管理工作、重要活动情况。检查的方式有普查和抽查两种。每学期教导处在期初、期中、期末都要对班级教育小组的台账进行一次普查，每月都会对重大活动进行一次抽查，每周都会对“三会”进行一次抽查，每天都会对常规管理进行一次普查。

评比是一种重要的外部刺激手段，公平、公开、公正的评比能起到积极的引导作用。所以教导处需要制定出科学合理的评价制度，包括评价的项目、标准，评比的方式方法，奖励的方法等。教导处每两周公布一次常规工作流动红旗，每月公布一次班级教育小组的 A、B、C 等第。到期中时，班级教育小组在年级进行工作汇报，并书面上交一份小结到教导处，教导处可以选择工作有特色的班级教育小组代表在学部进行交流。学期结束时，教导处将根据整个学期的情况，根据制定的评价制度，给所有教育小组评定等第，同时，给所有参与班改的老师评定等第。评定结果报学校，与学期绩效考核奖金挂钩。

2. 搞试点

南外仙林分校在进行重大问题的决策时有一个基本原则：一切经过实验。班级管理体制改革是一项前无古人的事业，必须经过实验才能全面推开。所以，教导处的另一个重要工作就是搞试点。

试点工作并非一次完成。因为对每一个新的设计、新的想法、新的制度，要在面上展开与推行，都需要先试点，所以搞试点是经常性的工作。南外仙林分校在进行班级管理体制改革的过程中，搞过许多试点工作，如 2005—2006 年，重点对教师坐班形式进行试点，即从教研组集中办公向按班级任课老师集中办公的形式转变；2007—2008 年，重点是进行班级教育小组的组建、班级教育小组分工、班级教育小组工作方式等的试点；2008—2009 年，班级教育小组制度全面推开，教导处重点对“三会”及考核评价进行试点；2010 年，教导处重点进行学生代表、家长代表的推荐与参与决策的试点。总之，随着班改工作的不断深入，试点的项目也相应变化，不变的是先试点、后推开的科学态度和工作方法。

3. 树典型

典型应该有好坏之别，这里讲的典型主要是指好的正面典型。抓典型是以点带面的工作方法，也是教导处深入一线进行调查研究的最好形式。班改是一项复杂而艰巨的工作，因为没有现成的经验借鉴，所以对于许多老师来说，开始只是抽象的概念，缺乏鲜活的工作案例。即使教导处提出了一些工作原则与要求，班级教育小组在实际操作时也常常不得要领。在这种情况下，就需要培养典型，树立典型，用典型带路。

(1) 树典型的三个阶段。

第一阶段，检查座谈，发现苗子。每一项任务布置以后，由于班级教育小组成员理解能力、创新能力和执行能力的差异，经过一段时间，工作效果就会出现差别。教导处通过平时的检查，通过座谈会、沙龙等形式的交流，一定会发现一些做得比较好的班级或个人，这些好的班级或个人就是我们需要的典型苗子。

第二阶段，重点指导，培养完善。对于发现的好苗子，教导处应该敏感地抓住，进行认真的分析，并尽快拿出有针对性的跟踪指导方案，落实相关人员，包括年级领导小组成员，进行有目的的培养。对这些典型，教导处要委派人员经常听取他们的工作汇报，参加他们组织的一些活动，并及时提供一些指导意见，使得他们的工作更加到位、更加规范、更加具有特色。

第三阶段，总结经验，表彰推广。当典型较为成熟时，教导处要指导他们总结反思，寻找亮点和特色，形成值得学习借鉴的经验，并利用网站、报纸、专题报告会、论坛等形式进行交流。同时，对于树立的典型要进行大张旗鼓的表彰，并用行政的手段，对典型的经验与做法进行面上的推广。

(2) 几种类型的典型。

教导处在班改中需要抓哪些方面的典型呢？

① 角色典型。

角色典型包括班级教育小组组长和组员，组员典型又分为教师、学生、家长三种。在班改初期，班级教育小组组长的角色转换是关键。组长能否成功地从原来传统的班主任角色转变成教育小组组长的角色，能否从以个人说了算的工作方式转变到大家集体研究、民主决策的方式，能否从一个人转换到一个教育团队，这是所有教育小组面临的首要问题。

当然，随着角色转换工作的不断深入，学生代表和家长代表的角色也会显得越来越重要，因为这是突出学生主体、彰显“三力合一”思想的重要举措。

学生代表的参与是教育小组建设的重要突破。过去的班级工作，学生虽然参与管理，但不参加决策，他们只是一个执行者。班级教育小组的学生代表是班级决策的参与者，他们不仅要把班级同学的意见带到小组会议上，还要根据讨论研究的问题，发表自己的意见。这就使得学生的主体性得到更加充分的发挥，使得学生在参加班级教育小组工作过程中，学习和体验民主的生活，增强民主的意识。但是，学生代表能否真正达到这样的要求，他们在参与班级教育小组工作中会遇到哪些实际困难，如何解决这些困难，这都需要我们树立典型，为别的学生代表引路。

家长代表和学生代表又有所不同。家长都有自己的工作岗位，平时很少到学校来，与学生接触的机会不多，家长与家长之间互相也并不熟悉，让家长代表参与班级教育小组的工作难度也是很大的，有些问题学校更是无法解决。因此，寻求比较科学的方法与途径解决这个问题是非常必要的。教导处如果能找到这样的典型，无疑对促进家长参与班级教育工作大有帮助。

② 分工合作的典型。

在教育小组工作中，分工合作问题贯穿始终。然而，要解决好这个问题并不容易。实际工作中，常出现的问题有：分工不合理，有分工难落实；有分工但职责不明，互相推诿；有分工，无合作，各自为政；角色意识薄弱，角色能力不强，分管工作不能到位。针对工作中出现的种种问题，教导处需要在分工合作方面培植、树立典型，为其他教育小组提供学习的榜样。

③ 牵手的典型。

牵手是班改中规定的每一位老师都要承担的一项分工任务。一个教师与班级的几位学生建立牵手关系后，如何对牵手学生进行有效的帮助，解决他们面临的种种困难？怎样走进牵手学生的内心世界，和他们建立良好的师生情谊，当好他们的良师益友？这些问题也不是人人都做得得心应手的。教导处在这方面也可以培养出典型，为大家提供示范。

④ “三会”的典型。

班级教育小组的决策与任务布置主要通过“日碰头、周例会、月诊断”（简称“三会”）进行的，因此，开好“三会”，对于教育小组的工作至关重要。如何安排“三会”的时间？如何安排“三会”的内容？如何安排“三会”的程序？特别是如何提高“三会”的效率？这些问题的答案需要所有教育小组在实践中进行探索，同时，教导处也要找出典型，加以总结，提供给大家参考和借鉴。

⑤ 文化建设的典型。

都说班级文化是班集体的灵魂，在班级教育小组负责制下，班级文化建设与班主任负责制下有什么不同？有哪些新的特色？有哪些新途径？这些都是班级管理体制改革深化过程中必然要遇到的问题。因此，培养班级文化建设的典型也是十分必要的。

⑥ 综合典型。

所谓综合典型，是指在多方面都做得非常优秀，综合评价很突出的班级教育小组。综合典型的培养难度会大一些，但是一个好的综合典型所蕴含的研究价值更大，教导处有必要在这方面做出努力。

（3）抓典型应注意的问题。

① 不苛求完美。

典型有多种类型，不一定都是各方面都做得优秀的综合典型。只要在某个方面做得很突出，就可以作为典型来培养和认定。另外，典型并非一开始就很完美，即使作为典型树立，也不能要求没有缺陷。典型具有相对性，是相对的优秀。

② 帮助打磨。

典型的苗子一旦发现，就应该给予重视，帮助打磨，而不能不闻不问。教导处有责任也有义务为这些苗子提供更多的支持，促使他们向我们期待的方向发展。否则，苗子可能自生自灭、毫无影响，也可能原地打转再无多大进步。

③ 及时表扬与推广。

当好苗子被发现并经过打磨之后，教导处要及时指导其进行必要的总结提炼，形成有一定理性思考的经验材料。在此基础上，组织这些典型进行经验交流或举办报告会，并给予通报表彰，使得典型的作用能够得到充分发挥。

4. 抓培训

由于班改是一项全新的工程，大家都是新手，所以班改培训工作是必不可少的。教导处是培训的主要责任部门。培训主要包括组长角色培训、核心成员角色培训、学生代表培训。教导处首先要做好培训计划，然后组织人员编写培训教材，并根据实际情况采取适当的形式进行考核。等到时机成熟时，教导处可以考虑给参加培训合格的人员发放培训合格证书。没有拿到合格证书的人员将不得成为班级教育小组的正式成员，只能见习。

（二）年级组在班改中所起的作用

随着班级管理体制改革的深入推进，南外仙林分校的中层机构也进行了相应的调整，将原来的教学处、学生处和教科室合并，成立了大教导处。学校的管理重心前移至年级组，每位主任分管一个年级，全面主抓年级德育、教学和教科研工作，对德育和教学“两张皮”现象进行有机整合。为此，年级组承担了更多的教育管理工作。

年级教育领导小组是年级组的直接管理者。年级教育领导小组要根据学校的工作要求与计划安排，精心策划，创造性地组织开展本年级各项教育活动。同时还负责本年级班级教育小组的组建工作，并对班级教育小组工作进行协调、指导、检查、考评。年级教育领导小组成员应包括年级主任（助理）、年级组长（副组长）、学生干部代表以及家长委员会代表。年级教育领导小组由年级主任负责，常务工作由年级组长负责。

1. 组建班级教育小组

年级教育领导小组的首要工作是组建班级教育小组。一个年级几十位教师，如何做到分配均衡，需要年级教育领导小组认真研究，民主协商，听取各方建议。组建过程中要切实考虑教师间的性格特点、性别比例、新老搭配、学科差异等诸多因素，原则上班级教育小组核心成员有3—4位教师。

组长和组员之间首先是一种管理与被管理、领导与被领导的关系。这是教育小组发挥集体管理和教育功能的基本前提。其次是一种工作关系。小组成员在工作上要相互联系、协调、支持与配合，形成分工与合作的关系。年级组统一安排各教育小组的办公室，尽量做到班级教育小组核心成员一起办公。

2. 搭建班改工作互动交流的平台

（1）领导小组内部加强对班改的学习、研究。

年级教育领导小组核心成员要定期集体学习，专题研究班改，充分认识班改的本质是调整与改善班级管理各要素之间的关系，改变传统的班级管理中班主任一人唱独角戏的局面。小组每位成员要深刻理解班改的目的是通过班级管理整合所有教育资源，使班级的教育功能得到全面优化，为学生的全面发展、终身发展提供积极的影响。年级教育领导小组成员对班改的认识水平，将直接影响班级管理体制改革的实践水平。

（2）带领年级组全体教师学习、研究班改。

年级领导小组要精心组织好“两会”，即班级教育小组组长班改研讨会和全体组员班改交流会，提升组长和组员的理论水平。班级教育小组组长例会每周召开一次，形式可以多样，如论坛报告会、沙龙交流会、经验介绍会、难题解析会等；全体组员每月召开一次交流会，可以采用沙龙形式，各抒己见，也可以采用座谈会形式听取意见，必要时可以邀请组长和组员共同参加，谈做法、谈收获、谈体会。总之，让教师主动讨论、交流，充分发挥教师的主体性，依靠全组教师集体的智慧和力量来做好班改工作。

（3）定期组织家长到校探讨班改问题。

定期邀请部分家长到学校，以沙龙的形式研讨班改工作，交流沟通意见。沙龙的主题多样，包括做法介绍、经验交流、方法探讨，通过这种形式达到思维的碰撞、情感的沟通。大家可以小谈班改问题，也可以大谈教育方略，要使家长了解班改，支持班改，配合班级形成教育合力。

总之，年级教育领导小组要统一全年级组教师和家长的思想，理论引导，宏观把控，充分发挥教师的主导作用和家长的参与意识，使班级教育真正为学生主动发展、全面发展、个性发展、终身发展提供最好的帮助和支持。

3. 指导班级班改实践

(1) 深入班级教育小组进行具体指导。

年级教育领导小组成员必须明确分工，每位成员联系 1—2 个班级，深入班级了解班改进展，时刻关注学生和教师的心声。当班级召开“周例会”或“月诊断”会议时，领导小组成员要参与其中，加强过程指导，现场解决班改中遇到的难题，同时还要观察班级学生精神面貌、班风、学风的变化情况，适时加以指导。

(2) 困难班级的专项指导。

每个年级都不能确保所有班级改革都非常顺利，都时常会出现因诸多因素而产生困难班级。这时候年级教育领导小组要主动会同班级教育小组一起进行专项研究，拿出具体整改方案，然后班级教育小组成员分头落实，年级教育领导小组全程跟踪指导。

(3) 对学生干部和学生代表进行专项培训、指导。

学生是班级的主人，也是班改的最终受益者。教师、家长所做的一切工作都是为了学生的健康成长。所以培养学生主体意识、民主意识和参与班级决策能力是年级组的一项重要工作。年级组培训学生要定时间、定地点、定内容，专人负责，指导学生代表把广大学生诉求带到班级“周例会”上进行讨论，带到年级领导小组会上进行商议和决策，引导他们行使学生代表的职责，参与决策，把决策的内容再反馈给广大学生等。通过培训可以提高学生参与班级管理的能力。

(4) 为家长参与班改提供帮助和指导。

家长是班改的重要成员，各班每学期选出家长代表，组建年级家长委员会，定期召开会议，研讨、交流家庭教育问题和学校教育问题。家长代表把各种意见和建议带到班级教育小组会上加以讨论并参与决策。我们坚信学生、教师和家长三力合一，教育效果才会显著提高。

(5) 学科作业总量的把控和合理分配。

年级教育领导小组定期对教师每天或周末布置给学生的作业总量和质量进行抽查，严格按照教育主管部门要求的总量不能突破。各学科作业量由年级组负责把控和协调，备课组长具体落实。

4. 推广典型经验

班改是一项新事物，没有现成的路可走，必须要抓典型，以点带面，逐步推广。年级组要善于发现班改典型，并积极扶植，帮助打磨，总结提炼成功的经验。当年级组发现某个班级教育小组在某个方面做出成绩，取得好的经验时，要积极帮助其总结提炼，并提供展示交流的平台，让他们成功的经验成为年级组全体教育小组共享的资源。如果可能，还可以引导他们承担班改子课题的研究工作。在抓典型过程中切不可求全责备，典型可以是单方面的，也可以是多方面的，成熟一个推广一个。

5. 考核评价

班改是一项开拓性的事业，没有现成的经验学习。但是，有一点是可以肯定的，就是无论是什么改革，都离不开一套积极的评价机制加以推动。积极的评价能使教师凝聚在一起，形成一种向上的力量。目前年级组对班级教育小组的评价主要有两种形式。

(1) 专项评价。

专项评价包括对各教育小组进行常规评估、学习评估、“四项分工”落实情况等。专项评价有利于班级及时发现问题，及时纠正与改进，起到指导和促进作用。

(2) 综合评价。

综合评价即利用期中、期末这两个时间点进行的全方位评价。主要指标包括学生评教、教师座谈、学生座谈、成绩推进、常规评比、重大活动表现等。期中评价是重要环节，评价情况反馈到班级，指导班级下半学期的工作。期末评价按照学部评价标准，进行定性和定量分析，与奖金挂钩。

（三）课题组在班改中所起的作用

南外仙林分校的班改还有一个重要特点，就是课题的引领。学校专门成立了“班级管理体制改革的实践研究”课题组，课题组全体成员积极思考，投身实践，不断总结提炼经验，为整个班改的顺利推进作出了积极的贡献。课题组的作用主要有四个方面。

(1) 理论探索。

没有理论指导的实践是盲目的实践。班改作为一项重大的体制创新，必须在理论指导下理性地向前推进。班改理论探索的任务责无旁贷地落在课题组身上。课题组的理论探索主要围绕以下 8 个问题进行。

① 为什么要进行班级管理体制的改革？

② 班级教育小组负责制有哪些创新之处？

③ 班级教育小组的性质和任务是什么？

④ 班级教育小组具有怎样的教育功能？

⑤ 班级教育小组如何组建并开展工作？

⑥ 班级教育小组需要建立哪些制度？

⑦ 班级教育小组应该如何进行考核评价？

⑧ 班级管理体制改革中的心理问题与对策有哪些？

围绕以上问题，课题组坚持理论与实践相结合的原则，查阅大量文献资料，学习当代教育学、心理学、马克思主义哲学以及教育管理学、学校管理学、企业管理学等理论，并在班改的实践中不断检验，总结提炼出了既有一般原理又有南外仙林分校特色的班改理论，为学校班改的步步推进提供了及时有效的指导。

(2) 实践总结。

实践出真知。班改不仅仅是理论问题，更是实践问题。因为班改没有现成的理论，更没有现成的操作模式，所以边实践边总结就成为课题组的重要任务之一。

课题组一方面把子课题落实到相关的实验班级跟踪研究，一方面对全校的班改实践进行调查分析。通过座谈会、沙龙、班改论坛、问卷调查、现场观摩等多种形式，课题组掌握了一手资料，发现好的做法及时加以总结，发现偏差及时思考对策。在几年的实践中，课题组总结提炼出许多重要的班改理论、实践操作方法以及经典案例分析，先后编印了《班级教育小组工作手册》《年级领导小组工作手册》《班改读本》《仙林之路（专版）》《实践与研究（班改专辑）》《班级教育小组工作指南》等。

（3）为行政决策提供参考意见。

课题组的研究工作最重要的价值在于为学校行政部门提供决策参考意见。在班改实践中，课题组对于改革中可能遇到的问题一般需要超前思考与研究，一旦问题出现就可以拿出初步的解决方案，提供给行政部门参考。同时，针对实践中已经出现的问题，行政部门也会要求课题组进行研究，拿出可行的解决方案。因为课题组担当着学校行政智囊的责任，所以必须与学校行政部门密切配合，才能成为班改工作推进的及时雨。

（4）承担相关培训工作。

在班改过程中，学校需要对相关人员进行业务培训，课题组则根据学校需要，组织编写培训学习材料，或安排课题组成员担任培训老师。通过培训，课题研究的成果内化为了教师或学生的素质。

课题组一般在暑假期间会对新招聘的教师进行一次班改专题培训，在每学期开学时安排一次业务讲座。另外，根据教导处的工作安排，课题组在学期中途会承担 1—2 次的角色培训任务，并参与有关班改的经验交流活动，对班改进程中出现的问题进行适时指导。

（四）班级教育小组的考评

1. 建立三级考评体系

（1）学生评价。

学生测评由年级教育领导小组组织，学生对自己班级教育小组的老师进行评价。一般在期中与期末各进行一次。参加测评的学生可以是部分学生代表，也可以是全班同学。

学生测评的内容主要包括：教育小组成员参与班级管理的情况、牵手情况、教学工作。

学生测评的方法：采取代表座谈与上机打分相结合的形式。

学生测评的结果由年级领导小组存档，同时反馈给被测评人。

（2）年级教育领导小组考评。

由年级教育领导小组对各班级教育小组整体进行考评。考评一般在期末进行。

年级测评的内容包括：班级教育小组分工与合作情况、“三会”制度的落实情况、重大活动的开展情况、班风与学风建设情况、班级常规评比情况、师生牵手情况、班级学业进步情况以及其他有特色的班级工作。

年级测评的方法：看各班级教育小组的总结材料，逐项进行评分；结合平时检查记录进行加分或减分；年级教育领导小组集体民主商定或无记名投票决定等第。

年级教育领导小组将考评的结果统计上报学校（或学部），作为学校终评的最主要依据。

（3）学校终评。

学校终评是学校（或学部）职能部门对班级教育小组的最终考评，作为学校进行绩效考评奖金发放的依据。

学校测评的内容：年级教育领导小组的评价结果；《班级教育小组工作手册》完成情况；重大事件加减分。

学校测评的方法：职能部门全体成员召开会议，将年级考评结果、《班级教育小组工作手册》完成情况、重大事件加减分结合起来，进行综合评估，按照学校下达的比例，确定教育小组的等第，并将结果反馈给每一个教育小组。

对于学校考评的结果如果有异议，教育小组组长可以提出复议申请，经过复议后的结果再反馈给班级教育小组，并作为最后考评结果上报校长，作为期末绩效考评的一个重要部分。

2. 依据五项考评原则

考评要突出改革、创新、协作精神，立足当前，着眼发展，促进班改工作不断向前。主要原则有五项。

（1）阳性刺激为主。

班级教育小组从无到有，从弱到强需要一个较长的过程。对班级教育小组的考评，强调关注亮点、鼓励为主，对在发展中出现的种种问题要有耐心和信心，而不能求全责备。

（2）捆绑考评。

所谓捆绑考评，简单地说就是学校对班级教育小组团队精神的考评，而不具体到每一个成员，对集体考评的结果也就是对每一个教育小组成员的考评结果。考评内容主要包括班级常规管理情况、班级教育小组工作开展情况、学校重大活动开展情况、学生学业水平推进率等。考评与奖惩挂钩，小组成员实行同奖同罚。这种考评方式的目的在于促进教育小组成员之间同心协力，齐抓共管，发挥集体智慧，整合、优化教育资源，为学生主动发展、全面进步创造良好的条件。

新管理体制的一个最大特点就是集体决策、集体负责、集体行动。考评必须突出团队的作用。

（3）简洁性原则。

影响班改的因素很多。考评要从易于操作的角度出发，突出对主要工作的考评。环节力求简洁，程序力求可控，结果力求真实。

（4）民主集中原则。

既倾听老师以及学生的意见，又尊重年级教育领导小组的意见。职能部门要综合各方面考核意见，定量定性结合，民主讨论，集体研究，形成最后意见。

（5）与奖励挂钩。

奖金多少是对教育小组集体及其成员工作的肯定程度的一种最直接体现，考评如果不和绩效奖励结合，就会使得考评的推动力减弱许多。

3. 中学班级教育小组多元评价方案

对班级教育小组的考评分四个方面，每一项按照标准打分，学期末根据各项总分按年级进行排名，最后将各项排名综合处理后再按年级进行总排名，按照2∶7∶1给出A、B、C等第。

(1) 班级常规考评。

班级常规考评以教导处和年级组对班级常规管理考核为依据，分教导处和年级组两级考核，每两周汇总一次，每学期考核10次左右，考核内容涵盖多个方面。常规管理的好坏能体现一个班级的整体水平。权重为30%。（样表如下）

样表1　班级常规管理考核A表(教导处50分)

班级	广播操、校服(15分)	班级卫生(25分)	集体活动(10分)	典型事件加、减分	备注	总分
	按学部评分标准执行	按学部教室卫生评分标准执行	每次大型活动由团委、学生会评比	严重违纪酌情扣3—5分，班级好人好事酌情加2—4分，由教导处主任确认		

样表2　班级常规管理考核B表(年级组50分)

班级	“三禁一穿”、外卖及其他(20分)	学生仪表、文明礼貌(15分)	大小教室、垃圾桶及周围地面保洁区卫生，公物损坏(15分)	典型事件加、减分	备注	总分
	吃零食、带手机、带电子游戏机扣2分，订外卖扣3分	年级组自行拟定评分标准	年级组自行拟定评分标准	原则上加减分在5分以内，由年级组长确认		

样表 3　班级常规管理考核汇总表(100 分)

班级	广播操、校服(15分)	班级卫生(25分)	集体活动(10分)	“三禁一穿”、外卖及其他(20分)	学生仪表、文明礼貌(15分)	大小教室、垃圾桶及周围地面保洁区卫生，公物损坏(15分)	典型事件加、减分	总分	均分

(2) 检查《班级教育小组工作手册》。

《班级教育小组工作手册》是重要的抓手。教育小组成员开展教育工作要有台账，《班级教育小组工作手册》中的“教育内容纪要”能间接反映工作开展的进度和质量。《班级教育小组工作手册》的检查主体是教导处。检查时间分为期初、期中、期末三次。检查形式分为抽查、统查。检查目的分为过关检查、总结检查、评比检查三种。通过对《班级教育小组工作手册》的检查，了解班级教育小组的工作，总结、推广好的做法，同时，对于存在的问题能及时发现，并给予指导，加以纠正。《班级教育小组工作手册》较为完整地记录下了教育小组的工作进展和教育活动过程，是班改较可靠的一手资料，具有重要的研究价值。因此，班级教育小组所有核心成员对《班级教育小组工作手册》的使用要给予足够重视，避免出现应付了事的心理与行为。权重为 20%。

(3) 考评学业推进率。

以学校统一组织的期中、期末考试成绩为依据，按照班级每一个学生在全年级的位次变化情况测算出班级学生学业水平推进率。权重为 30%。

(4) 考评重大活动组织情况。

学校每学期开展很多大型活动，如学军、学农、爱心援助、春秋游活动、校园“六大节”等。教导处按照事先的要求与标准，对各班级在活动组织方面(包括教育小组成员参与情况)、活动质量和实施效果方面加以考核。权重为 20%。

4. 小学优秀教育小组评比标准

① 关系和谐。

小组成员团结合作，相互理解，相互信任，相互补台，配合默契，分工不分家，对学生的学习及生活习惯要求一致。

② 工作主动。

有主人翁意识，心中装着班级，想着学生，主动为班级服务，不被动等待分配工作。

③ 职责分明。

小组成员明确承担班级常规管理、与个别学生交友等工作，共同协作，抓好班级常规。

④ 定时沟通。

每月至少召开一次小组工作会议。总结工作，分析问题，解决问题，制订措施，对会议决议的事情进行有效分工。会议有主题，有重点，有记录，有效果。

⑤“三位一体”。

班主任主动与任课老师、生活指导老师不定期交流班级学生的学习与生活情况；教育小组成员之间互通信息，及时沟通与交流班级学生的学习和思想品德情况。遇事不推诿，共同承担并积极解决班级中的困难和问题。平时主动参与，遇事积极参与，活动次次参加。

⑥“三力合一”。

教育小组成员每周与至少3—4位家长进行沟通，形成教育合力，提高教育小组的教育实效。学期结束有经验总结交流，在组内及全校推广。

⑦ 与学生交友。

与学生交朋友工作成绩明显。教育小组成员全面关怀学生，关心学生全面发展。在关心学生本学科情况的同时，互通其他学科情况，全面了解学生。每位成员重点交1—2位学生朋友。

⑧ 工作创新。

成员有科研意识，有较强的科研促工作的理念，推陈出新。主动把好建议、好做法在工作中积极实践；不断进行研讨，坚持理论联系实际，学期末能拿出具体案例，在全校进行班级教育小组工作的推广与指导。

⑨ 虚心学习。

成员能向其他优秀教育小组学习，借鉴方法，吸取经验。

⑩ 成绩明显。

在教育小组的带领下，班级的工作有计划、有总结，学习氛围浓厚，班风积极向上，整体推进率高，学生进步明显，班集体建设有成效。

四、建立学生多元化评价体系

（一）传统学生评价方式不利于学生的发展

我国传统的学生评价方式是“三好学生”评比，这项评比制度自 20 世纪 50 年代始，至今已沿用半个多世纪。“三好学生”评比制度的初衷是鼓励学生全面发展，它也的确在很长一段时间起到了积极的作用。然而随着社会的发展，中国社会发生了极大的变化，当初评比“三好学生”的社会背景也有了很大的改变，加上改革开放国策的全面实行，市场经济日益发展，中国与国际社会日益接轨，学校不能不接受国际社会的影响和辐射，“三好学生”评比制度越来越表现出它的局限性和不合理性。

(1) 不利于“面向全体学生”的教育原则。

教育的宗旨是使每一个学生得到发展，而不是使部分学生，更不是使极少数学生得到发展，因为社会的进步需要全体社会成员的共同努力。然而“三好学生”评比，通常仅评选出占学生总数 15%—20%的学生，其余大约 80%的学生很少或完全得不到肯定和褒奖。同时，由于评选“三好学生”的标准主要是考试成绩，这就在实际上形成少数学生长期获评“三好学生”，而大多数学生对这种评比失去了兴趣和关注。

(2) 不利学生有特点的发展。

世界上没有两片完全相同的树叶，每片树叶都有自己的特点。每个学生都有自己的与众不同的地方，没有必要，也不应该把千姿百态、千差万别的少年儿童打造成同一张面孔。事实上，人才的涌现和人才的出彩主要源于人才的特点。因材施教是一条重要的教育原则，非如此不能出成绩，非如此不能出人才。

（二）学生多元化评价的实际操作

南外仙林分校于2004年取消"三好学生"评比，改为评选"优秀学生"和"文明学生"，2008年取消"优秀学生""文明学生"评比，对学生实行多元化评价，不再对学生进行整体性评价。

南外仙林分校的学生多元评价体系要点如下：

① 让每一个学生得到肯定，让每一个学生都能获得成功的体验(每个学生都能在班级获评不少于一个奖项，还可再自荐一项)。

② 即使是最优秀的学生也不是"全才"，也不可能所有项目都能评上，要让学生看到自己的不足。

③ "雏鹰综合奖"和"彩虹奖"为促进优秀学生更优秀创设了更高的目标。

南外仙林分校的学生多元化评价体系极大地激发了全体学生的进取精神，各层次、各类型学生都找到了自己的奋斗目标，比学赶帮蔚然成风，各项素质及综合素质显著优化。

《南外仙林分校小学部学生多元评价方案(修订)》与《南外仙林分校中学生综合素质多元评价及奖励实施细则(试行稿)》如下，供参考。

南外仙林分校小学部学生多元评价方案(修订)

指导思想：

以科学发展观为指导，以多元智能理论为依据，面向全体学生，关注学生的全面发展，让每一位学生得到肯定，让每一位学生都能获得成功的体验，成为具有外语专长、国际性、复合型的高素质人才。

评价原则：

1. 全面性原则：面向全体学生，关注学生的全面发展。让每一个学生得到肯定，让更多的学生发现自己的闪光点、找到成长中的自信。

2. 目标性原则：与目标理想教育相结合，对学生进行正面引导，通过榜样带动的作用，鼓励学生树立努力的目标，使学生活泼、健康、主动、和谐发展。

3. 发展性原则：评价过程既考虑学生的过去，重视学生的现在，也着眼于学生的未来。通过评价激励方式及评价过程，挖掘学生潜能，调动学生积极性，促进学生不断进步。

4. 过程性原则：重视学生发展过程的评价，根据一定的标准对其发展状况进行及时的反馈。

评价内容：

学生多元评价体系由品德与修养、求知与探究、运动与健康、艺术与审美、劳动与技能、实践与创新六大类组成。

评价形式：

1. 周评、月评。依据评价指标，每周采用自我评价、小组互评、班级教育小组老师评价的方式进行。满足条件并得到三方同意的由教育小组组长在总评处盖章。

如所设奖项不能满足同学需求，同学可以自行申报，在“我来设个奖”栏目奖名处写上奖项名称并说出理由，同样采用自我评价、小组互评、班级教育小组老师评价的方式进行。每个奖项获得三次奖章的同学可得到单项月奖状。

2. 学期评。一学期中，每个奖项获得三次月奖状的同学，颁发学期单项奖奖状。在满足条件的情况下，一人可申报多项。

获得四张及四张以上学期单项奖奖状的同学可以向学部申报雏鹰综合奖。每个班级雏鹰综合奖申报上限为9人，超出人数的可在班级内进行民主评议、投票确定，未能上报的在年级组表彰，不足人数的不补报。获得雏鹰综合奖的同学将得到奖杯和证书。

学期表彰活动，第一学期在寒假前进行，第二学期在“六一”前进行。（六月份评价结果累计在次学年上学期中）

南外仙林分校中学生综合素质多元评价及奖励实施细则

（试行稿）

根据江苏省教育厅颁发的《江苏省普通高中学生综合素质评价实施方案》和南京市颁发的《初中学生综合素质评价方案》，结合我校学生实际，制订本细则。

一、指导思想

进一步落实“以人为本”的教育理念，更好地促进学生发展个性的同时，全面提高学生综合素质，运用多元智能理论，让每一位学生充分展示自己的优势领域，体悟到学习、生活过程中的快乐，引领学生健康发展，使学生在不同方面实现个人的价值，找到自己的闪光点，促进学生个性和潜能的发展。

二、评价原则

1. 多元评价原则。

充分肯定每一个学生的个性特长、进步与发展，激发学生的自信和自主发展的欲望，引导学生更加客观全面地评价自己，明确自我发展的目标与方向，使每一个学生都能在不同的方面得到肯定和鼓励，促进学生的全面发展和个性特长的发挥。

2. 导向性原则。

充分发挥评价标准的导向作用。通过制订评价指标，明确评价程序，强化评价措施，从而引导学校和教师全面关注学生的发展过程，张扬学生个性，全面提高学生的综合素质。

3. “三公”原则。

学校在对学生进行综合素质评价过程中，必须坚持公平、公正、公开的原则，以向学生高度负责的精神和态度，认真细致、实事求是地做好每一项评价。

4. 发展性原则。

坚持以发展的眼光看待学生，注重学生的日常行为表现，将形成性评价与终结性评价有机结合，有效发挥评价的激励功能，突出评价对学生全面发展的促进作用，使评价过程成为学生不断认识自我、发展自我和完善自我的过程。

5. 可操作性原则。

评价指标简明，方法易行，避免过于形式化和烦琐，便于一线教师使用。

三、组织实施

学校成立由校长任组长的南外仙林分校中学部学生多元评价工作领导小组。该领导小组负责制订评价实施细则，具体组织实施评级工作，审定评价结果，受理咨询、申诉和复议申请。

四、评价内容、奖励方式及操作流程

（一）评价内容

我校中学生的综合素质多元评价体系分为6个维度：道德品质、公民素养、学习品质、交流合作、运动健康、审美表现。各维度二级指标及评价标准如下：

维度	二级指标	评价标准	自评	组评	终评		
					组级	校级综合	校级单项
道德品质	爱国学子	① 热爱祖国,关心国家大事,严肃认真地参加升旗仪式,仪表端庄,唱国歌时声音洪亮。 ② 自觉维护祖国的尊严,敢于并善于和恶意攻击国家的言行做斗争。不做有损国家形象的事,不说不利于民族利益的话,一切从祖国的荣誉和利益出发。 ③ 在出国交流、求学及旅游等外事活动中,自觉遵守所在国的法规,尊重所在国的风情民俗,没有有损于国家的言行。					
	浩然学子	① 有正义感,坚持原则而又不苛求他人。 ② 发现有不正当行为能及时制止,做事光明磊落。 ③ 积极向上,不断进取。					
	勤俭学子	① 珍惜他人的劳动成果,不浪费,不攀比。 ② 自觉节约水电等公共资源并能带动他人,注重能源、学习用品的再利用,爱护公共财物。					
	孝敬学子	① 在家庭,体贴父母,能与长辈多沟通交流。 ② 在学校,尊重老师,虚心听取意见,主动问好。 ③ 在社会,尊重并能主动帮助年老体弱的长辈。					
	诚信学子	① 重情重义,诚实守信,敢于承担责任,不欺骗他人。 ② 表里如一,言行一致。 ③ 拾金不昧,在同学中有较高的诚信度和影响力。					
公民素养	“三自”学子	① 自觉遵守校内外的各项法规制度,自我约束力强。 ② 善于独立思考,有较强的上进心,对自己的成长有目标、有规划、有行动。 ③ 能科学自主安排时间,做事讲究效率。 ④ 有较强的民主意识,能够依法维护自身权益。 ⑤ 生活充实,学习高效,乐观自信。					

续表

维度	二级指标	评价标准	自评	组评	终评		
					组级	校级综合	校级单项
公民素养	儒雅学子	① 具有较高的文明素养，谈吐优雅，在与他人的交往中，能做到尊重、宽容。 ② 言行规范得体，有较深的文化内涵和人格魅力。					
	爱心学子	① 对人友善，爱父母，爱老师，爱同学，爱护小动物，爱护花草。 ② 热心公益活动，表现突出。					
	环保学子	① 环保意识强，能积极参加环保公益活动，注重节约。 ② 认真做好值日工作和保洁工作。					
学习品质	善学学子	① 有良好的学习习惯和方法，勤学好问，善于总结学习经验，与同学分享学习成果。 ② 学习成绩优秀。 ③ 在全国、省、市或区组织的各项竞赛中成绩优异。					
	勤奋学子	① 学习态度认真，有毅力，不怕挫折。 ② 学习成绩有进步。					
	创新学子	① 善于打破常规思维，有创新意识与勇气。 ② 不迷信权威，有批判意识，在学习上不拘泥书本知识，学习方法独特，在活动中有创意。					
	雄辩学子	① 积极参与相关活动，善于演说，敢于陈述自己的观点，与他人论辩时有理有据，以理服人。 ② 在阐述自己的观点时冷静理性，善于控制自己的情绪，思维清晰敏捷、尊重对方。					
交流合作	合作学子	① 积极参与活动，在活动中有团队意识。 ② 具有较强的协调组织能力，能尊重并悦纳与自己意见不同、性格不同的人。					
	实践学子	① 积极参与学校组织的各项活动。 ② 在活动中动手能力强，在实践中善于体验、探究、总结经验。					
	领袖学子	① 有一定的号召力、影响力和组织能力，在工作中善于说服他人，有主见。 ② 工作目标明确，有感召力，能以身作则，起带头作用。 ③ 处处以团队利益为重，有全局观念。					

续表

维度	二级指标	评价标准	自评	组评	终评		
					组级	校级综合	校级单项
运动健康	阳光学子	① 身心健康，积极参加锻炼。 ② 认真上好体育课，做操认真，动作规范。					
	“五环”学子	① 有一定的竞技技巧，积极参加校内外各项体育活动。 ② 在各类体育比赛中有突出的成绩。					
审美表现	艺术学子	① 有一定的艺术特长，较高的艺术素养。 ② 在各项艺术活动中，积极参与，表现突出。					
自报项目							

（二）奖励方式

学生根据自身情况，申报自评的二级指标项目不超过 10 个，组评项目不超过 8 个，教育小组终评项目不超过 6 个。

1. 年级彩虹奖。各班级根据情况，凡符合以上评价内容中二级指标项目 1—4 项的学生，由班级报年级组审核后颁发“年级彩虹奖”荣誉证书。

2. 校级彩虹奖。校级彩虹奖分为校级综合素质发展彩虹奖、校级单项彩虹奖、校级特别彩虹奖三种。获得校级彩虹奖的前提条件为：符合二级指标项目 5 项或以上。

(1) 校级综合素质发展彩虹奖。各班级根据情况，将综合素质较高、全面发展的学生，由班级推荐至教导处，经学校审核确认后，颁发“彩虹奖——综合素质发展奖”荣誉证书。各年级各班申报“彩虹奖——综合素质发展奖”比例：初中部 25%，高中部 30%。

(2) 校级单项彩虹奖。各班根据情况，在符合校级彩虹奖表彰的前提条件下，在二级指标中推选出最突出的学生，上报至教导处，经审核确认后，颁发“彩虹奖——校级单项奖”荣誉证书。各年级各班申报“彩虹奖——校级单项奖”比例：初中部 25%，高中部 30%。

(3) 校级特别彩虹奖。学生在校期间，凡在国家或省级教育主管部门组织的各项竞赛中取得优异成绩、在校期间有突出表现且符合校级彩虹奖表彰条件的，可由年级组推荐至教导处，经学校审核确认后，颁发“校级特别彩虹奖”荣誉证书。

（三）操作流程

1. 自评：学生根据自身实际情况，对照多元评价表上的二级指标评价内容及标准，认真评价自己，也可自报项目，自评项目不超过10个。

2. 组评：各小组组长和组内班干部评价组员，组长之间相互评价，同时接受班级教育小组成员的监督，组评项目不超过8个。（参考自评，但不拘泥于自评）

3. 终评：班级教育小组成员参考自评和组评对学生进行全面客观的评价，评价结果为年级彩虹奖，而校级彩虹奖（包括综合素质发展奖和单项奖）的产生要在此基础上再经过两个步骤：(1) 班级教育小组成员根据终评结果推选出综合素质发展奖的候选人，全体学生投票产生（建议：先组织候选的学生述职然后再组织全体学生投票）；(2) 班级教育小组成员推选出校级单项奖的候选人，全体学生投票产生（建议：先组织候选的学生述职然后再组织全体学生投票）。需要特别注意的是，校级单项奖候选人要在综合素质发展奖产生后再由班级教育小组成员斟酌产生。

五、补充说明

1. “彩虹奖”寓意：美丽的彩虹是由多种色彩组成的，它象征着生命的多彩，青春的绚烂，象征着学生个性发展的多元。彩虹犹如一条学生通往理想的七彩之路，引导着他们快乐、幸福地成长。

2. 校级单项奖与综合素质发展奖不可兼得。

3. 凡违反国家法律和学校校纪校规的同学均不得申报参评校级彩虹奖。

4. 各班建立学生档案袋，注意过程材料的收集、记录。

05

南外仙林分校班级管理体制改革调研报告*

一、调研的背景与方法

1. 调研背景

南外仙林分校自实行班级管理体制改革以来，确立了以班级教育小组集体领导的班级教育管理体制，如今已趋向成熟。为呈现出客观、真实的班改场景，为班改的进一步推进和深化提供参考意见，钱铁锋校长委托南京师范大学齐学红教授指派几位研究生前来深入调查研究。我们一行五人就是在这样的背景下走进了南外仙林分校。我们分为两组，分别进驻事先指定的小学某班和中学某班，主要工作是观察并记录在班改背景下班级教育小组工作的具体流程，全程、全面地搜集班改相关资料，走近学生，沟通家长，力求全面呈现出一个客观、真实的班改场景。

本报告为中学组调研结果，基于对初三(14)班所做的田野调查而成文。

* 完成本次调研的调研组成员：朱国红，邵东红，蒋婷，唐春香，郑冬冬。调研报告执笔人：朱国红，蒋婷。

2. 调研时间

2015 年 9 月 14 日—9 月 25 日。

3. 调研对象

中层领导、教师、学生、家长。

4. 调研方法

本次调研主要使用观察法、访谈法、问卷法和文献分析法，即走进校园、走进办公室、走进课堂，通过与教师、学生和家长的接触，收集学校呈现给我们的有关班改的各种文件、资料。在观察和访谈的过程中，我们力求真实、中立，以一种客观的立场记录、分析班改的成效及不足。我们向学生发放有关班级环境的问卷，集中收集有关班改的各项文本资料，利用文本分析方法，将这些文本资料与班级教育小组的具体实施相对比，找出文本与实践之间的差距，发现不足或欠缺之处，发现在实施过程中好的经验和做法以便推广。

二、初三（14）班班改纪实

初三(14)班作为此次调研的一个窗口，各方面改革均走在前沿，是班改实施较早、成效也较为突出的一个班级。以下便是以初三(14)班为调研对象的一些过程性材料和初步结论。

（一）班级教育小组（教师篇）

1. 成员构成与相应职责

(1) 核心成员。

班级教育小组核心成员：韦××、陆××、朱×(分别为数学、化学、英语的任课老师)，其中韦老师为班级教育小组组长，原班主任。他们在班级教育管理中的具体分工如下表所示：

姓名	任教科目	性别	分管日期	主要分管内容	主要负责的重大活动
韦××	数学	男	周二、三、五	常规	爱心活动
陆××	化学	女	周四	学习	体育节活动
朱×	英语	女	周一	活动	艺术节活动

尽管分工明确，但实际操作过程中分工并不严格按照上表来，当有活动开展的时候，班级教育小组的成员往往都会加入进来，只是职责比重有所不同。尤其是组长，作为班级教育工作的第一责任人，他必须统筹管理各方面的情况，协助班级教育小组成员实施相关的班级管理职责，为班级教育工作提供正确的思路和目标，牵头制订班级各项工作计划，保障班级的常态管理和平稳运行。

此外，三位班级教育小组成员分别牵手班上的十几位同学。何为牵手呢？即在班级教育过程中，为提高教育质量和教育效果，任课老师与学生一对多进行结对帮扶。牵手活动要求教师为牵手对象提供多方面的关心和帮助，包括帮助牵手对象树立信心，提高学业成绩，解决生活中遇到的一些麻烦，指导其制订职业生涯发展规划等。教师和学生需要共同确定帮扶计划、帮扶目标。牵手活动是教育小组落实个性化教育的最重要的保证，是落实班级教育小组诊断方案，优化教育资源，提高教育针对性、有效性的良好途径，也是学生成长的现实需要。这一做法也是南外仙林分校对于因材施教的一种努力探索。

附　初三(14)班牵手活动安排表

牵手教师	牵手学生
韦××	（共13名学生，姓名略）
陆××	（共12名学生，姓名略）
朱×	（共13名学生，姓名略）

为了进一步了解牵手效果，我们特地选择了班级六名学生进行了访谈。

附　有关牵手活动的访谈

访谈时间：2015 年 9 月 25 日课间

访谈对象：

A，男生，曾担任学习委员，牵手老师是韦老师；

B，女生，初一上学期和初二上学期担任班长，牵手老师是韦老师；

C，男生，初二上学期担任生活委员，牵手老师是陆老师；

D，男生，没担任过班委，牵手老师是朱老师；

E，女生，没担任过班委，牵手老师是朱老师；

F，女生，初二下学期担任班长，牵手老师是韦老师。

访谈记录：

（1）牵手学生是如何分配的？

A：是老师分好告诉我们的，不是按小组分的。

（2）牵手老师在什么情况下指导？指导什么问题？如何指导？会关心每个学生吗？

A：在我们考试后或表现不好、被点名太多时，我们会被老师叫到办公室谈话。谈的一般是学习问题。

E：这学期和老师谈过一次，关于学习目标的。

F：在考试前后老师会找我谈话。平常我有事也会找老师谈。一般是为了学习或班级工作的事。

（3）哪些老师与你们接触比较多？遇到困难时是否愿意和老师交流？

A：韦老师，谈过三四次。没有主动找过老师，一般老师找我们。

B：林老师（以前教他们英语，初三换成朱老师了）。林老师很亲切，我喜欢找她聊天。

C：林老师会经常到教室和我们聊天。我有问题经常找林老师，不去找班主任，也不怕班主任看到。最近还找过。

D：月考、期中考，以前是按惯例要自己去找老师。我们表现不好的话会被老师找。老师主要指导学习。我遇到困难没找过老师。

F：接触以前的老师较多，再就是班主任了。其实以前教育小组的老师都挺好的，初一时是四个，初二时是三个，初一时有一个是体育老师，现在两个老师是新换的，可能还不太适应吧。

关于牵手活动，这个模式类似于大学导师制。传统的班主任是全班学生的负责人，由于个人时间、精力有限，肯定无暇顾及所有学生，而其他任课老师则只负责“教书”不会“育人”。这样的牵手活动，调动了所有老师的积极性，会相应减轻班主任的负担；而其他任课老师牵手学生，也有助于老师进一步了解学生，参与班级管理、德育工作，而不仅仅是只负责教学工作。牵手活动使得“教书育人”重新变为所有教师的职责而不仅仅是班主任的事务。这也有助于促进教师自身素质和教育水平的提高，真正形成关心学生的多层网络。

那么，牵手活动落实的情况到底是什么样的呢？首先，由访谈可知，学生分配是老师安排好的，也根据个别的学生要求变动（韦老师说今年有个学生主动要求换到他的组里）；其次，老师们和学生一般在考试后、学生表现不好后就学习、纪律问题进行谈话。除了班委与老师交流管理工作，学生们很少主动找老师进行情感性的交流。但是我们从C同学对以往牵手教师林老师的怀念中也可以看到其实牵手活动对于促进师生之间的情感互动是有重要意义的，但是由于这学期的牵手教师变动较大，学生对于新老师的适应还存在着一定的磨合期，所以其牵手效果还有待加强。

（2）重要成员。

重要成员由学生代表和家长代表组成，学生代表包括两类：一是学生干部代表；二是班级民主推荐的一名普通学生代表。家长代表三名左右，通过班级家长会议推荐或选举。学生代表的职责主要是在全班同学中收集信息，参加“周例会”或“月诊断”，参与决策和回到班级中贯彻落实；而家长代表的职责是参与“周例会”或“月诊断”，作为班级与家庭沟通的重要纽带，协助班级开好家长班课程与帮助班级教育小组整合利用社会资源。初三（14）班的爱心活动“牵手华澳”就是一个很好的例证。本文后面会有详细的论述。

班级教育小组实行的是集体负责制，班级管理不再是由班主任一人说了算，而是由班主任、部分任课教师、学生代表、家长代表共同负责，制订计划、实施活动、班级教育及管理责任均由集体承担。这样，在处理班级重大事务的时候，由组长发挥引导作用，大家共同出谋划策，民主决议，就能够发挥班级教育小组的最大优势。另外，班级教育小组实行第一责任人制度，即班级教育小组组长既为核心，也首先承担责任。不难看出，班级教育小组组长即原班主任的工作任务还是很重的，不仅需要兼顾自己的学科教学工作，还需要具备一定的领导能力和管理能力，另外对组长还要求其具有包容性、亲和性和合作性。

2. 班级教育小组的工作方式

按时召开“三会”是班级教育小组的重要工作。“三会”即“日碰头”“周例会”“月诊断”这三种形式的教育小组工作会议。“日碰头”即教育小组核心成员每天在办公室随机碰头，交流有关学生的问题，形式随意，内容灵活；“周例会”由教育小组组长召集，参加人员以核心成员为主，每周在固定的时间召开，分析本周工作的经验及不足，研讨并安排下周的工作；“月诊断”会议由教育小组组长召集，全体教育小组成员参加，对班级每位学生进行诊断和分析，并制订指导方案，起到总结、反思、规划的作用。

附　“周例会”实录

初三(14)班班级教育小组周例会

时间：2015年9月18日下午2:00

参与人员：三位老师(班级教育小组核心成员：数学、化学和英语教师)、四位学生代表(两位班长，负责学习的核心成员，下周值周小组组长)

会议流程：

(1) 一周总结。女生班长首先介绍了他们新一届班级管理团队的新举措，老师建议他们五个核心成员讨论问题时最好提前征求老师建议，并达成一致意见。然后男生班长说明了这一周同学们有所进步和存在问题的地方。班主任老师对重点问题提出了改进建议。

(2) 下周班会计划。这个是由下周值周小组组长介绍的，因为每周一的班会是由每小组四位学生和一位班级教育小组的老师轮流负责策划和实施的。班主任和负责老师对学生的策划提出了一些具体的建议。

(3) 班主任提出过程性评价方案供大家讨论。一方面韦老师是执行学校的任务，学校要求对学生学期表现实行过程性评价占60%，期中、期末考试成绩占40%的方案。另一方面韦老师对学校文件中不可行的部分进行了改动，并打算在平时做好这项工作，对学生每天在各科学习上的表现都进行评价，一周后汇总计算得分，以方便学期末计入总成绩。但关于如何适应各学科自身的特点和需要、个别项怎么计分、由谁负责考核等细则，还有待完善。这一周班主任老师也将方案试行了两天，下周开始推行。

从整个会议流程来看，通过几年的班改实践，大部分教育小组的教师都有了由被动到主动，由袖手旁观到建言献策，由无动于衷到积极融入的改变。无论是对于班级管理问题的工作态度，还是对于自己角色定位，都有了一定的改变。例如初三(14)班的英语老师朱老师在“周例会”上针对问题学生的管理出谋划策，体现了班级教育小组在班级事务管理上的特点与优势。“三会”制度是班级教育小组民主决策的基本途径，它有利于集思广益，形成教育合力，并及时纠正工作中出现的偏差。

（二）学生自主管理（学生篇）

1. 自主管理形式与相应职责

(1) 班委。

初三(14)班设有班级常任委员会和班级顾问委员会。班级常任委员会简称班级常委会，由 5 名学生组成，其中 2 人为班长，5 个人分管劳动、学习、体育和考核、生活、文宣和活动等五方面的工作。班级常委会的作用在于协调合作，讨论制订班级管理各项事务的工作计划。班级顾问委员会由上一届 5 名班委组成，负责为现任班级常委会成员提供班级管理工作的帮助和咨询，原因是新一任的班委可能在班级管理上缺乏相应的经验，班级顾问委员会不仅可以为其提供帮助，而且可以对其进行监督，这是以往传统的班委会所不具备的功能。

班级常任委员会相应地下设 6 个班委职务（在分管各项工作的班级常委会成员之外另设心育委员一职），包括学习委员（5 人，负责课堂、作业、辅导）、劳动委员（2 人）、文艺宣传委员（4 人，分别负责宣传、板报、活动和报道）、生活委员（2 人）、心育委员（2 人）和体育委员（3 人），共 18 人担任。此外，各门学科设有课代表，负责收发作业，由各科成绩优异的学生担任。该班班委人数接近总人数的一半。班主任介绍，该班每学期都会重新选拔班委，目的就是给予每位学生锻炼自己的机会。

该班每周四召开班委例会，总结一周的工作并制订下周的工作计划，每次4—5人参加，参会人员包括班委代表、值周小组组长、一周表现较好或较差的同学。

(2) 学习小组。

学习小组也是学生进行自主管理的重要组织之一，按照座位划分，座位排列在一组的即为一个学习小组。值得一提的是，该班的座位并不是按照传统的“秧田式”摆放，而是以合作小组的形式分布。每四位同学组成一组，两个并排面向黑板，两个面对面与黑板平行，形式不拘一格，共有十组，且每组都有自己的比较个性化的组名。至于组建方式，初一时由学生抽签决定，其间根据学生意愿、教师观察情况微调过几次。

学习小组内设组长、组长助理、学习委员（负责小组成员的课堂发言、作业等）、劳动委员（该班以小组为单位轮流值日）。这样设计的目的是促进学生合作学习、互相监督、自我管理。除此之外，学习小组还需要轮流值周。具体做法就是：当轮到某一学习小组值周时，该组要策划组织周一的主题班会；小组四名成员要轮流值日（其中组长值日两天），负责管理当天的班级各项事务，包括午休纪律管理、课堂表现记录和自主管理记录（包括出勤、学习情况、劳动卫生等各方面）等。可以发现，该班没有专门设置纪律委员一职，原因在于纪律管理和记录工作主要由值周小组负责。

2. 学校理念与学生态度

(1) 学校理念。

通过分工细致全面的班委会和学习小组，我们不难发现南外仙林分校秉承明确的学生自主管理的理念。当被问到有关班级管理事务时，学生和老师们提到最多的一句话就是“事事有人做，人人有事做”。这一原则即是将班级事务具体分解到个人，事无大小，人人负责。例如书包柜管理、个人仪表监督、教室时钟维护、路队管理等等，每人都要负责一项事务。这不仅强化了学生们的主人翁意识，更扩大了学生参与班级管理的范围，提高了学生参与班级管理的能力。南外仙林分校的"事事有人做，人人有事做"的理念是非常值得提倡的，即使在我们看来略显复杂的班级管理运行规则，学生们也已经运用得如鱼得水，十分清楚自己在什么时候应该做什么。那么，学生对于这样的自主管理到底抱有什么样的态度呢？

(2) 学生态度。

通过对几名学生的访谈我们发现，学生参与自主管理的积极性并不同。访谈的几个班委在就职期间积极性比较高，能够努力做好自己的本职工作，一方面这是由于学生主动担任班委一职，另一方面则是老师也会监督学生的工作。例如，刚卸任的班长表示："我当班长的时候把'人人有事做'的几十项事情分了类，分成学习、生活、宣传、环保、考核等这些小组，由班委来分管这些小组。"可以看出，这位前任班长对班级管理工作花费了不少心思。但是，仍有部分同学认为自己的工作形同虚设，并没有积极参与进去。

下面是几名学生的访谈记录片段：

问：你担任班委时有想过怎么把班级工作做得更好吗？

A：有啊，当劳动委员时，我把地砖按人分块，在课间也会亲自拖地给同学做示范。

B：有啊，我当班长(上上届班长)的那个时候，韦老师会找我们谈，然后我们自己也主动去想，各个方面，学习、生活，还有考核，一个一个去想，一个一个去完善。你不积极也要积极了，老师会找，另外你既然是班长，肯定要百分百投入。

问：你觉得班委能代表同学们吗？班委会征求同学们的意见吗？

D：我没当过班委。班委有时能代表大家，有时不能。韦老师发过关于班级管理的问卷。

问：学校说"人人有事做，事事有人做"。你每天的任务是什么？

C：我负责重大活动的参与情况记录和网络监督。班主任说上网要语言文明，不能讲脏话。

问：表现不好就要记录下来，是吧？

C：不是啊，我哪有时间和精力。

问：不是让你负责吗？

C：这个形同虚设，我哪有时间去管。

问：是不是大家表现还挺好的？你从什么时候开始负责这个任务的呢？

C：不是啊，有人在网上骂人，初二开始时就有。我才刚开始负责这个的。

3. 学生自主管理具体活动纪实

(1) 班长就职仪式。

关于班级常委会和各班委的选拔，该班的做法是，先由学生自愿组合成为团队，然后利用周一班会的时间举行竞选活动，由其他学生投票选出班级常委会。竞选成功的团队将在下一次班会课举行就职仪式。其他各班委是通过学生自荐和教师推荐确定下来的，没有正式的选拔仪式。

附　初三(14)班第五届班长就职仪式纪实

时间：2015年9月14日下午4:10

记录：

这次班会课将举行班长及核心团队成员就职仪式。黑板上写着“第五届班长就职仪式”，班主任老师和班级教育小组的两名任课老师前来参加，两名主持人作简单开场之后，两位新班长(一男一女，不分正副)分别走到教室前面发表就职演讲。男同学演讲时一直低着头照着稿子在读，女同学则是脱稿演讲。然后，主持人请三名核心团队成员上前接受任职证书，接着两名班长和两名顾问代表也分别上前接受任职证书，之后两位班长一同进行宣誓。接下来，两位班长介绍了本学期各班委和课代表人员安排。然后上一任班长上台发言，给新任班长提出了一些建议。最后是互动环节，学生就班级管理的疑问向五名班级常委会成员提问，五名班委给予了回答。最后，韦老师进行了总结性的讲话，他提出了“班长是什么”的问题，总结现在的班级管理活动中每个人的职责与义务，“事事有人做，人人有事做”。韦老师说，唯有这样，大家将班级管理与自我管理融到一起，才能达到最好的教育目标。

学生管理团队从组建到竞选再到就任，均由学生自己负责。出于自愿原则，学生自发组建团队，有利于今后班级管理工作的协调合作。在这一系列的准备和实践过程中，学生的领导力、责任感、合作意识、表达能力将得到激发和锻炼。这样一个班长就任仪式，不仅比较全面地展现了在班改新背景下学生自我管理班级的职责与任务，更向我们展示了一个运转比较成熟的班委会的重要性。在这个班里，班委会半学期一换届，这固然是费时费力的，但是，它的优点是能够锻炼每一个学生，使他们都能够有机会站在班级舞台的中心，借此机会不断地完善自己、砥砺德行，最终得到全面发展。

(2) 班委组织讨论。

各班委的分工前文已述。下面是生活委员组织同学们开展的一次临时讨论会。可以看到，在具体活动中学生发挥主动性的空间较大。

附　初三(14)班班委会临时会议纪实

时间：2015 年 9 月 18 日午饭后

主题：宿舍内女生晚上太晚睡觉的问题

记录：

生活老师(学生宿舍管理人员)向该班班主任反映女生晚上睡觉太晚。班主任今天上午有事没来学校，就委托生活老师召集女生们开会讨论宿舍晚上静音时间。午休的时候，班上全体女生(住读生和走读生)都来到隔壁小教室参加一个短会，这个短会是由生活委员主持的，生活老师在一旁看着。生活委员先提议 22:20 之后要保持安静，并询问同学们的意见。有同学认为早了，建议时间改为 22:30，但其他同学的态度有所犹豫。这时，生活老师说学校宿舍的熄灯时间是 21:50，生活委员的提议已经往后推迟半小时了，不建议再后延。生活委员听了之后，折中了同学和老师的建议，提议 22:25 为静音时间，然后大家表示一致同意。接着，生活委员带领同学们讨论违规的惩罚措施，其中生活老师也给出了一点建议。规定讨论出来后，生活老师上台给大家展示相关 PPT，说明睡眠不足的危害。

(3) 值周小组主题班会。

通过对教师和学生的访谈得知，每周的班会主题在学期初就已安排好。韦老师根据以往经验、学校要求和学生意见确定各个主题，然后学习小组抽签决定要负责的班会主题，每个小组还会安排一名指导老师（为班级教育小组成员）。值周小组提前策划班会时，可以征求班委会和同学们的意见，还会在周五的班级教育小组例会上征求班级教育小组老师们的意见。我们此次观察的班会的主题是"学习，我有一套"。

这次班会的参与老师有班主任和本次班会的指导老师。流程是：主持人开场，介绍中考趋势；学姐介绍中考备考经验；各科成绩优异的同学代表分别发言；每位同学写出自己最得益或最需改善的学习方法以便共享。后来，根据同学们的发言内容整理出来一些学习方法并张贴在教室内的布告栏上。

该班主题班会的开展已形成一套比较系统的机制，包括由小组负责和老师指导的人员安排、讨论协商流程和实施流程，而这也是不断探索的结果。与学生访谈得知，起初小组组织班会存在分工不明、有人不参与的现象，但上学期韦老师制订出班会策划表，值周小组要填写主题、分工、计划和主要内容等，同学们因此准备得更认真。班会达到现在这样比较规范的状态，有一个过程。关于班会评价，学生介绍没有专门评优，但每次班会由负责报道（具体分解的班级事务中的一项）的同学在班会策划表上进行记录，然后交给韦老师。

4. 学生自主管理考评方式

从上面的各种学生自主管理实例我们不难看出，学生的自主管理水平已经到达了一定的高度。那么，是什么样的考评方式来保证学生积极上进、促进学生自主管理的呢？该班的考核主体多样化，教师和学生均可参与评价，考核方式主要有如下几种：

（1）任课老师对学生的考评。

任课老师可以根据学生的学习表现给学生个人或小组发彩虹卡，作为日后兑换奖品或评优的依据。通过观察和学生访谈了解到，不同任课老师利用学习小组评价的方式和程度不同，比如政治老师在讲解练习册时会以小组为单位对学生的回答以写"正"字的方式进行积分计算；数学老师是给作业连续得三个A的学生发一张彩虹卡；语文老师则不定时会发，有时候会给默写全对的学生发彩虹卡。学生表示，有的任课老师的奖励方式不太明确，不知道什么情况下可以获得奖励。

另外，本学期该校开始实行各学科的学习过程性评价，例如学生学期末的学业成绩将由期末考试成绩（占40%）和学习过程考核得分（占60%）两部分组成。该班过程性考核的做法是每名学生的学习过程考核的基础分为60分，将学习过程分为出勤情况（10分）、课堂表现（10分）、作业状况（10分）、阶段测试（20分）和自主学习（10分）五个指标，各任课老师指派专门学生（一般为课代表）每天进行记录，在各项基础分上进行加分或减分。通过与班主任的访谈得知，由于此项工作刚刚起步，各指标的计分依据、如何结合各学科的特点等问题还需要探索完善。

(2) 班委和值周小组对学生的考评。

各班委有权力给表现好的同学发彩虹卡，一般在每周日开夕会（学生周日晚上返校时开的会）的时候发放，例如劳动委员可以发5张左右的彩虹卡，有活动的话班委会给活动负责人发彩虹卡。值周小组会将每周的记录汇总，并将个人和小组的得分记录到教室内悬挂的"学生常规考核积分表"上，每周值周小组可以根据得分发5张左右的彩虹卡。一个学期下来，个人和小组的表现还会累积起来，作为评优的依据。奖励方式是A等、B等和C等各有三个小组名额，A等的三个组可以全部获得推荐校彩虹奖的名额，B等、C等的名额依次递减。

这种项目细化并且得分量化的考核方式，得到了班上大多数同学的认同，能够很好地调动大家的积极性，但仍有少部分学生不能够做到主动参与班级管理、课堂学习。那么，如何应对学生中的边缘群体是值得我们思考的问题。

与F同学（上届班长）的访谈片段如下。

问：你喜欢你们班的考核方式吗？为什么？

F：挺细化，但是很麻烦。对我们有激励作用，老师也会催，我们懈怠了老师会说。

问：你对这学期各学科实行过程性评价有什么看法？

F：第一感觉很麻烦，虽然我不是课代表，但对于课代表来说刚开始肯定很麻烦。每次老师提要求，我们就觉得很麻烦。但是我后来觉得这样做也有好处，老师期末评价的时候就有具体的依据了。

C 同学在课堂上的表现实录片段：

这节政治课，老师在讲解练习册上的习题。讲解时，老师请同学们举手说出各题的答案，并以小组为单位、以画“正”字的方式进行积分计算。C 同学所在小组有两名男生，两名女生，但今天只有三名同学，一名没来。课上该小组只有一位女生很积极地举手回答问题，C 同学和另外一名同学（小组组长）一直没有举手。其间，有两个小组在抢着回答问题，并争论起来，有一方说自己小组得分太少，要求老师给他们组答题的机会。C 同学看到后在下面说：“不就一分吗？争什么争？”

（三）“心系华澳，关爱听障儿童”（家长篇）

由于我们选择调研的是初三毕业班，学生的学业负担较重，没有时间和精力来开展大量的家校活动，所以相对来说家长在学校教育中的角色就没有得到凸显。家长与整个班级教育最大的联系就在于“心系华澳，关爱听障儿童”这个爱心活动上。这也是初三(14)班一个比较有特色的爱心活动，韦老师也有将这项活动继续升华的想法。

那么，老师与家长是怎样联系起来的呢？我们了解到，家长也按照学生的小组分组，每组推荐一位校外辅导员。由十位家长组成家委会，在这十位家委会成员中再选出三位家委会主任。这样就形成了家校沟通的系统，上传下达，十分便捷。家委会不仅是班级教育小组的重要组成部分，更为这项爱心活动提供了很大的助力。

据韦老师介绍，活动分为以下几个阶段。

第一阶段：下决心，征意见。2013 年 11 月 9 日，在第一次校外辅导员会上提出设想，征求意见。班级教育小组就此事讨论了好几次，认为不可以贸然去到别的学校献爱心，需要有想法、有计划，并要取得对方学校的认可和同意。2013 年的爱心系列活动中，另筹善款 2000 元，用作班级爱心活动准备资金。班级计划用三年时间坚持这一个爱心活动项目。

第二阶段：来介绍，作动员。2014 年 4 月 2 日，南京华澳听力语言康复中心

(简称“华澳”)创办人陈老师应邀到班介绍华澳听障儿童情况及听障儿童康复有关知识。

第三阶段：做调查、做方案。家委会的三个代表(樊爸爸、李爸爸、张爸爸)和李妈妈走进华澳，实地考察，并与陈老师讨论方案。

第四阶段：分批进、初感受。2014 年 5 月 17 日，第一批 13 位孩子及其家长走进华澳。5 月 24 日，第二批 25 位孩子及其家长走进华澳。

第五阶段：再讨论、建链接。2014 年 6 月 15 日，家委会的三个代表、李妈妈和华澳的罗老师一起总结第一阶段工作，研讨第二阶段活动实施方案。2014 年 6 月 23 日，发放“心系华澳，关爱听障儿童”牵手活动第二阶段意见征询表。

然后，华澳推荐出 5 个最困难的家庭，由韦老师班级的 6 个学生家庭共同帮助 1 个家庭，班级教育小组的老师们也参与其中。家长带领孩子每个月定期去华澳看望他们一次，给困难家庭的孩子送去衣物和食品。由于这些孩子都是有听力障碍的孩子，需要进行听力康复训练，费用是每月 1000 元。南外仙林分校的学生家庭每个月向每个困难家庭资助 200 元(原则上是要求学生自己从自己的零花钱里节省出来)，6 个家庭总共可以资助 1200 元，就基本解决这些孩子的康复训练费用。

这个班上的绝大多数条件允许的学生家庭都参与了这个活动，班级教育小组的三位老师也参与其中。通过访谈我们也了解到学生认为这个活动很有意义，自己从中收获了许多感动。华澳的老师说：“我们接待过很多到中心参观、献爱心的学校、组织和个人，但像这种以班级‘组团’的方式，家庭与家庭深度牵手还是第一次。听障儿童家庭和初三(14)班孩子家庭，以及我中心都受益无穷。感恩南外仙林分校初三(14)班的老师、家长和孩子们!”孩子们说：“对，我一定会坚持参与这个让‘铁树开花’的伟大事业，与华澳的老师一道努力，让听障儿童那按下静音键的世界，充满欢声笑语!”

在这项爱心活动中，活动完全由家长设计、组织、实施，老师的角色是引导者、协调者和“一分子”。这充分体现了家长资源对于学校教育的重要助力作用。韦老师认为，要把家长资源用在班级教育上，而不只是班级管理上。这不仅仅是初三(14)班的一项富有特色爱心活动，更是非常有意义的成长经历，家长、老师通过和学生一同参与“心系华澳，关爱听障儿童”的活动，也收获了一份善良与温暖，这无疑会对学生的道德教育起到潜移默化的作用，德育便在这样润物细无声的情况下悄然发生。

三、班级环境问卷分析

至 2015 年，南外仙林分校班改已过八年，钱铁锋校长对于教育改革的魄力和坚持我们也有目共睹。班主任负责制是计划经济的产物，已经不适应现在中小学班级管理的发展现状。南外仙林分校改革班主任负责制，建立起了班级教育小组集体负责制，使得老师、学生、家长共同参与到班级管理的事务中来，有效地形成了教育合力。班改对于教师的影响是显而易见的，全员育人的理念也已经得到了比较充分的贯彻。根据前文对于初三(14)班的调研纪实可以看出，我们此次调研的重心是放在学生身上的，因为所有教育改革最终的目的是要落实到学生的，是以促进学生的发展为终极目标的。为此，在调研的最后阶段，我们向初三年级的其中两个班级的学生发放了关于班级环境的问卷调查，试图从班改的视角分析学生在这样一个改革的背景下究竟发生了什么样的改变，是否获得了真正的、长足的发展，也是对于班改成效的一种量化分析。

（一）调查工具和对象

此次调查采用自编问卷《初中班级环境调查问卷》，共 18 道题，通过调查班级管理体制改革后的班级环境来了解改革成效，包括师生关系(学生和班主任、牵手老师的关系)、秩序纪律、学习表现和管理参与(管理和文体活动的参与情况)四个维度。问卷答案的设置采用四点量表法，从“从不如此”到“总是如此”依次计 1—4 分，得分越高表示学生反馈效果越好。本问卷总体的克朗巴哈系数为 0.894，四个分量表的克朗巴哈系数在 0.628—0.895 之间，说明内在一致性信度良好。调查对象为初三年级两个班级的学生，共发放74份问卷，回收率为100%，调查对象的基本情况见表1。其中，A班和B班人数相当，男生和女生的人数也相当；两班中担任过班委的人数较多，占60.81%，没担任过班委的人数占39.19%；学业成绩优良、中等和较差的人数分别占29.73%、45.95%、24.32%。

表1　调查对象基本情况

分类		人数/人	比例/%
班级	A班	36	48.65
	B班	38	51.35
性别	男	39	52.70
	女	35	47.30
是否担任过班委	是	45	60.81
	否	29	39.19
学业成绩	优良	22	29.73
	中等	34	45.95
	较差	18	24.32

（二）调查结果与分析

问卷数据采用SPSS 20.0进行处理和分析。结果如下。

1. 班级环境的描述性统计

表2　班级环境总体和各维度描述性统计

维度	人数/人	得分最小值/分	得分最大值/分	平均得分/分	标准差
师生关系	74	1.143	4.000	3.085	0.711
秩序纪律	74	1.200	4.000	3.203	0.552
学习表现	74	1.333	4.000	3.329	0.675
管理参与	74	1.000	5.333	3.104	0.687
总体	74	1.205	4.183	3.161	0.504

本问卷所有题目均采用四点计分法，得分越高表示学生对班级环境的知觉越好，问卷分值在1—4之间，则理论平均分为2.5分。从两班班级环境总体和四个维度的平均得分可以看出，学生对班级环境总体知觉较好，得分为3.161分，超过理论均值。四个维度中，学习表现得分最高，其后依次为秩序纪律、管理参与和师生关系。

2. 两班的班级环境比较

表3　两个班级的班级环境总体和各维度得分比较

维度	班级	人数/人	平均得分/分	标准差	t 值
师生关系	A班	36	3.135	0.724	0.560
	B班	38	3.038	0.705	
秩序纪律	A班	36	3.361	0.571	0.015*
	B班	38	3.053	0.496	
学习表现	A班	36	3.269	0.712	0.458
	B班	38	3.386	0.642	
管理参与	A班	36	2.861	0.728	0.003*
	B班	38	3.333	0.564	
总体	A班	36	3.174	0.550	0.831
	B班	38	3.149	0.463	

注：* 表示在0.05的显著性水平上差异显著。下同。

由表3可见，A班和B班的学生对总体班级环境的知觉均较好，差异不显著，得分分别为3.174分和3.149分。但在秩序纪律和管理参与上，A班和B班存在显著差异。A班的秩序纪律(3.361分)明显好于B班(3.053分)；B班的管理参与(3.333分)则明显高于A班(2.861分)。两个班级的师生关系和学习表现得分均超过3分，且没有显著差异。

3. 影响初中班级环境的因素分析

(1) 性别对班级环境知觉的影响分析。

表 4　不同性别学生在班级环境总体和各维度上得分的差异比较

维度	性别	人数/人	平均得分/分	标准差	t 值
师生关系	男	39	3.055	0.754	0.705
	女	35	3.118	0.670	
秩序纪律	男	39	3.138	0.606	0.294
	女	35	3.274	0.485	
学习表现	男	39	3.162	0.709	0.024*
	女	35	3.514	0.590	
管理参与	男	39	3.043	0.734	0.425
	女	35	3.171	0.633	
总体	男	39	3.094	0.558	0.227
	女	35	3.237	0.432	

由表 4 可见，男生和女生在总体班级环境上的得分无显著差异，两者得分分别为 3.094 分和 3.237 分。进一步考察各维度的差异发现，女生的学习表现（3.514 分）明显好于男生（3.162 分），男生和女生在其余三个维度上没有明显差异。

（2）学生是否担任过班委对班级环境知觉的影响分析。

表 5　是否担任过班委对班级环境知觉影响的差异比较

维度	是否担任过班委	人数/人	平均得分/分	标准差	t 值
师生关系	是	45	3.190	0.669	0.112
	否	29	2.921	0.756	
秩序纪律	是	45	3.227	0.559	0.645
	否	29	3.166	0.551	
学习表现	是	45	3.437	0.681	0.082
	否	29	3.161	0.640	
管理参与	是	45	3.378	0.606	0.000*
	否	29	2.678	0.587	
总体	是	45	3.273	0.486	0.017*
	否	29	2.989	0.490	

由表 5 可见，学生是否担任过班委对班级环境知觉有显著影响，担任过班委者对班级环境的反馈（3.273 分）明显好于未担任过班委者（2.989 分）。进一步考察发现，总体差异的来源在于两者在管理参与程度上存在显著差异，担任过班委者管理参与得分为 3.378 分，而未担任过班委者管理参与得分为 2.678 分。

（3）学业成绩对班级环境知觉的影响分析。

表 6　学业成绩对班级环境知觉影响的差异比较

维度	学业成绩	人数/人	平均得分/分	标准差	F 值	事后比较
师生关系	优良	22	3.351	0.574	0.011*	优良者＞较差者，中等者＞较差者
	中等	34	3.122	0.635		
	较差	18	2.690	0.850		
秩序纪律	优良	22	3.255	0.566	0.284	—
	中等	34	3.265	0.408		
	较差	18	3.022	0.738		
学习表现	优良	22	3.636	0.410	0.019*	优良者＞较差者，优良者＞中等者
	中等	34	3.275	0.622		
	较差	18	3.056	0.887		
管理参与	优良	22	3.424	0.593	0.030*	优良者＞中等者
	中等	34	2.961	0.660		
	较差	18	2.981	0.745		
总体	优良	22	3.384	0.432	0.007*	优良者＞较差者
	中等	34	3.160	0.414		
	较差	18	2.892	0.622		

由表 6 可见，学业成绩对班级环境知觉有显著影响，成绩优良的学生对班级环境评价最好（3.384 分），明显高于成绩较差的学生的评价（2.892 分）。不同学业成绩的学生在师生关系、学习表现、管理参与三个维度的反馈上均存在显著差异。进一步的逐项比较表明，在师生关系上，成绩优良者的评价（3.351 分）和成绩中等者的评价（3.122 分）显著好于成绩较差者（2.690 分），成绩优良者得分和成绩中等者得分则差异不显著；在学习表现上，成绩优良者得分（3.636 分）显著

高于成绩中等者(3.275 分)和成绩较差者(3.056 分)，成绩中等者和成绩较差者之间差异不显著；在管理参与上，成绩优良者得分(3.424 分)显著高于成绩中等者(2.961 分)，成绩优良者和成绩较差者之间没有显著差异，成绩中等者和成绩较差者之间也没有显著差异。

四、初步结论与建议

1. 学生自主管理机制创新与能力提高

我国传统的班级管理组织结构是直线职能型结构，分为四层管理，即学校领导与班主任、班长、其他班干部、班上普通同学，而班级管理组织的改革趋势是让更多的人参与班级管理，成为管理的主体。南外仙林分校为扩大教师、学生和家长参与班级管理的机会，变班主任负责制为班级教育小组集体负责制。同时，案例班级建立双线管理的学生自主管理机构，即班委管理班级和值周小组管理班级。由于案例班级班委人数较多，该班还设置了班级常任委员会，由各班委代表组成以协商工作。这是该班的特色做法，其他的班级还是一人担任一个班委职务。

从问卷分析的数据可以看出，两班学生参与管理的程度不同首先和参与管理的机会有关。根据统计，B 班(即案例班级)学生中担任过班委者比例达 73.7%，A 班这一比例为 47.2%。B 班提供了更多的班委名额，每一班委职务由多人分工承担，本学期就有 18 人担任班委，而 A 班中每一个班委职务仅由一人承担。

其次，学生参与管理的主动性有所不同。问卷中，在“对于班主任决策或活动方案会提出意见或建议”上，选择“从不如此”或“偶尔如此”的 B 班人数比例为 36.8%，A 班人数比例为 72.2%；选择“有时如此”或“经常如此”的 B 班人数比例为 63.2%，A 班人数比例为 27.8%。而案例班级的值周小组管理体制则是一种全员、动态的岗位管理制度，当每名学生轮流成为管理主体时，学生需要以身作则，给其他同学做好榜样，全班同学就这样在管理和被管理的不同角色体验中受到教育和自我教育。

值得注意的一点是，在问卷分析过程中我们发现，A 班秩序纪律较 B 班更好。在“我们班课堂很有秩序”四个选项上，A 班选择“经常如此”的人数最多，比例为 58.3%，而 B 班选择“有时如此”的人数最多，比例为 68.4%。两班的差异可能反映出在鼓励学生参与班级管理的同时，如何更好地维持秩序和纪律也是班级管理面临的一个问题。

学生自主管理是学生自主发展教育的一个重要的有机组成部分，需要外在的良好的环境和氛围，需要以多样化的健康活动为载体，需要以人性化的制度来约束，需要以全面、客观的评价机制作保障。学生自主管理有利于增强学生各项能力，促进学生的终身发展，这种教育管理的结果是，学生会从自律前提下的自信走向自主，从自主走向自立，从自立走向自强，最终从自强走向自如，即能够灵活自如地适应社会的发展并推动个体和社会的不断发展。

2. 班级环境优良与考核方式细化

从问卷分析结果来看，案例班级的班级环境较好。具体到四个维度，学习表现得分最高，学习表现包括个人学习和合作学习。在“认真及时完成学习任务”上选择“有时如此”的学生占 36.5%，选择“经常如此”的占 51.4%；在“在学习小组中积极和同学合作学习”上选择“有时如此”的学生占 32.4%，选择“经常如此”的占 54.1%；在“为所在学习小组的常规考核争光”上选择“有时如此”的学生占 35.1%，选择“经常如此”的学生占 48.1%。南外仙林分校班级管理体制改革的其中一项举措就是班级按学习小组形式编排座位，目的在于促进学生的合作学习和课堂讨论。虽然由于缺乏对照案例，此次调查无法得知该校班级管理体制改革对学生合作学习状况的改进作用，但将近一半的学生能够经常认真及时完成个人学习任务，将近一半的学生能够积极和同学合作学习、愿意为所在学习小组争光，情况较好。

经过两年的实践探索，案例班级已形成制度化的学生自主管理模式，在该班一系列具体活动中，学生主动参与的程度较高，但在按部就班的日常管理中学生的主动性表现情况如何？从教师角度来看，老师给学生提供了很多参与班级管理的机会，做到了人人参与，比如设置较多的班委名额，实行班级事务全员承包，学习小组轮流值周等。但学生是否真正主动地参与了这些管理活动？学生完成工作的情况怎么样？就与学生的访谈结果来说，大部分学生，尤其是班委能够积极地做好管理工作，但也有少部分学生处于边缘、不参与的情况，表现在人人有任务，但任务没执行。另外，就我们的观察结果来说，该班虽有学习小组但成员间合作较少，一方面课堂上任课老师较少利用学习小组组织教学，另一方面学习小组内的成员分工是否有效执行还存在疑问。

案例班级注重考核评价对全体学生的激励作用，制订了细致的考核评价方案。从评价主体来看，该班任课老师、班委、值周小组均可对学生进行评价，评价主体较为多元化；从评价内容来看，该班开始实行学习过程性评价，任课老师对学生学习评价的内容包括出勤、课堂表现、作业、阶段测试和自主学习五方面。而班委和值周小组对同学的评价内容涉及劳动卫生、组织活动、行为规范和学习表现等诸多方面。因此，该班对学生的评价内容比较丰富，涵盖了学习表现、行为习惯、活动参与等。从评价方法来看，该班对学生的评价采用积分奖励的方式，以量化评价为主。虽然量化考核在一定程度上可以避免个人主观因素在评价中的影响，并且便于管理操作，但量化评价对学生的激励作用是有限的，其评价指标和标准是否合理也是值得思考的。

3. 应然与实然的距离

南外仙林分校的班改最终的目的是要达到全员育人，最大限度地调动所有教育资源参与到教育实践中来，最终促进学生的全面发展。教师和家长可以通过班级教育小组和家委会的形式参与其中，那么，作为最重要主角的学生是否每一个都受到了真正的教育？是否每一个学生在这中间都得到应有的发展？应然与实然之间到底存在什么样的距离？从问卷结果来看，不同学业成绩的学生对班级环境的知觉不同，主要表现在学习表现和管理参与上。在“认真及时完成学习任务”上，成绩优良者选择“经常如此”的人数比例为 77.3%，成绩中等者的这一比例为 44.1%，成绩较差者的这一比例为 33.3%。在“对于班主任决策或活动方案会提出意见或建议”上，成绩优良者选择“经常如此”的人数比例为 40.9%，成绩中等者的这一比例为 14.7%，成绩较差者的这一比例为 16.7%。

所以在班级管理的过程中学习处于弱势的学生需要被给予更多的关注，包括在学习和班级管理活动上需要被给予更多的支持。

另外，担任过班委者对班级环境的知觉比未担任过班委者更为积极，这主要是由于前者更多地参与班级管理。在“对于班主任决策或活动方案会提出意见或建议”上，担任过班委者选择“有时如此”和“经常如此”的比例分别为31.1%和35.6%，未担任过班委者选择“有时如此”和“经常如此”的比例分别为10.3%和3.4%。在“主动参加班级或学校组织的活动”上，担任过班委者选择“有时如此”和“经常如此”的比例分别为28.9%和60%，未担任过班委者选择“有时如此”和“经常如此”的比例分别为34.5%和24.1%。南外仙林分校在促进学生参与班级管理方面进行了一系列探索，比如成立班级教育小组并实行定期例会制度。学生代表有权参加班级教育小组的例会，在例会上学生代表可以就班级管理和活动事宜发表看法，另外班主任给予班委较大的自主权，例如由班委组织开展主题班会。这些都促进了作为班委的学生真正参与班级管理工作，但是更多的其他没有职务的学生则会有被排除在外的可能。由于学生在班级中的身份会影响学生对班级环境的感知和对班级的认同，所以通过提供更多的机会促使更多的学生参与管理有利于全体学生的发展。这些举措在当时设定的时候，肯定是想要促进全体学生的参与和发展，而现实则有可能加剧学生之间的差距，应然与实然之间的距离是值得我们反思的事情。

五、研究反思

正如一句广为流传的描述：“教育就是一棵树摇动一棵树，一朵云推动一朵云，一个灵魂唤醒另一个灵魂。”南外仙林分校的校训“顺其自然”也正如这样。教育本身的意义就是遵循学生的身心发展规律，为学生营造一种最适宜其成长的氛围，无须过多的雕琢和修饰，就让他们成为最好的自己。

对于南外仙林分校的调研我们只进行了短短两周，我们获得的信息量也十分有限，因此，我们的调研报告也只能对班改这样一个漫长而又庞大的工程进行极其表象的概述。再者，由于我们自身的专业水平有限，对于相关问题的分析可能更多地停留在理论的层面，并不能为解决问题提供切实可行的方案。在这其中，虽然我们发现了一些问题，但更多的是看到了南外仙林分校那样一群可爱又可敬的人在一方天地间辛勤地耕耘着，始终保持着对教育的热爱，相信教育的美好与明天。心之所向，无往不前。

第三章

接续与创新：班级管理体制改革的润州经验

在南外仙林分校经验的基础上，镇江市润州区从2012年开始在全区范围内推进班级管理体制改革，实施以班级教育小组制取代班主任负责制的班改实验，育人效果全面呈现，整体改变了学校教育的文化生态，全员育人氛围日渐浓郁。教师在自己岗位上教书育人，悉心呵护孩子成长；家长关注孩子健康，与学校共同做好孩子教育；学生在尊重、平等、民主的环境中积极进取，健康成长。润州区提供了区域推进班改实验的成功经验。

01

顶层设计：区域推进班级管理体制改革的实践探索

一、学校影响社会文化风尚的三大改革*

学校是什么地方？这个问题我问过很多人。他们的回答惊人地相似，都离不开分数、成绩、升学这几个词，几乎没有人提及学校的道德教化功能。他们没有意识到，学校应该是一群有道德的人做有道德的事的地方。学校最基本的功能——传承文明、道德教化，基本上被大家忘却脑后，甚至校长本人也很难想起。浙江第一师范学校老校长经亨颐先生说得好："一所好的学校，能在一定程度上影响一个地方的社会文化风尚。"可我们的校长说，当前的社会道德有问题，消解了学校教育的影响，这是社会问题，校长有什么办法？这个问题是需要探讨的。如果连学校都不能提升人的道德水平，还能寄希望于哪个地方？如果连学校都放弃道德教化的功能，国民素质将会怎样？我认为，道德教化正是教育的责任。我们不应该只是发现问题的人，还应该是解决问题的人。

道德是怎么产生的？人如果生活在一个有道德的环境里，时间一长，他会认

* 本部分原作者为镇江市教育局副局长黄科文。

为，这就是对的，就应该这样，习惯之后，随着年龄的增长，习惯变成品质，慢慢地，品质会变成观念固化下来。孩子也一样，如果我们创造有道德的学校环境，让孩子过有道德的生活，假以时日，就会根深蒂固，形成习惯，并且不断生长，变成他的品质、观念和行为准则，最后孩子的外在表现和内在观念就一致了。

当前，学校德育工作活动化，学生就像道具一样，参加各种各样的活动，参加得多了，也麻木了。这些活动不是生活的一部分，它是强加给学生的；它不是长期的环境，只是偶发事件。所以，我们弘扬道德也好，开展德育活动也好，应该使之产生在一个有道德的环境下，才是有效的，因为道德养成是由每天生活在其中的环境所决定的。

（一）

长期以来，学校因袭实行的班主任制度、班干部制度和“三好学生”制度，在教育发展史上起了很大作用。但是，德育的关键，是尊重和平等，这些制度在某种程度上影响了一个有道德的环境的生成，所以需要改革和完善。

先说班主任制度。在班主任制度下，学生面前的教师分成了三类：班主任、任课教师和行政干部。班主任的责任和压力过大，相应的待遇补贴偏低，容易产生职业倦怠，很多教师不愿意当班主任；任课教师只负责所教学科的课堂纪律和成绩，缺少必要的教育能力的培养；行政干部高高在上，不参与班级管理，不接地气，更是优质人力资源的浪费。而且学校行政设置繁复，效率低下。没有全员育人，就没有全程育人，更做不到全面育人。而另一方重要的教育者——家长只能被动服从与配合学校和教师，缺少民主参与班级管理的机会，更没有评价权，且受到的培训极少，很多家长不知道如何教育孩子。

再说班干部制度。班干部制度架构之初是试图让学生去管理学生，充当老师的助手；然而大多数情况下，班干部并没有充当自主管理的角色。此时孩童的心智并不健全，在班干部制度下，他会产生特权意识，误以为干部高人一等，造成班级“官场化”，营造了不平等的环境，而平等才能产生尊重，尊重是道德的基础条件之一。班干部制度造成的不平等环境极不利于良好道德的形成。

最后来说“三好学生”制度。“三好学生”制度在一定程度上背离了学校的初衷。因为它鼓励的是少数人，甚至是极少数人，相当于主动地把学生分等。即使这个学生的体育进步了，品德进步了，但是成绩没有达到要求，也不敢妄想被评选为“三好学生”。学校应该鼓励所有的孩子进步，鼓励所有的孩子全面发展，而不是把学生人为分等。中国教育学会名誉会长顾明远先生早就发出倡议，废除在学生还没有成熟时就将他们分为三六九等的“三好学生”评选制度，要相信每个学生都能成才，所有学生的进步都应该受到鼓励。

（二）

基于以上认识，润州区进行了如下改革：

1. 构建班级教育小组集体领导的班级管理体制

班级教育小组由学校行政干部、任课教师代表、学生代表、学生家长代表组成，是班级教育和管理的领导核心，并合理分工。教师成员主要负责班级事务，班级的常规工作由其轮流负责，组长负责协调组织；实行导师制，把全班学生合理地分给教师做“研究生”；重要活动分工，重要活动包括班会、春秋游、运动会、艺术节、读书节等；牵手学生分工，就是把班级内学习基础相对薄弱的孩子分给组员来帮扶。而家长代表和学生代表负责联络相关家长和同学，采集民意，参与管理。

班级教育小组的运行机制是“日碰头”“周例会”和“月诊断”。“日碰头”“周例会”不拘时间，不拘形式。“月诊断”则把当月出现的问题、取得的成效进行仔细分析和研究，并制订下个月的工作计划。

与此相关，学校的评价制度也要改革。主要对班级的发展进行捆绑式评价，也就是说只需要评价各个班级的发展状况。对组员而言，班级发展评价即为对其个人的评价，鼓励合作共进，形成共建班级的合力。班级建设好了，学校就好了。

相应的津贴分配制度也需改革。原来班主任有津贴，任课教师没有，而建立班级教育小组后，所有教师都参与班级管理，需要建立新的分配制度。绩效工资改革为分配制度的重建提供了可能。班级教育小组组长和成员之间的收入差距远小于原来班主任与任课教师的差距，组长与行政干部之间的收入差距甚微，鼓励行政干部回到一线。

2. 建立志愿者制度

志愿者不但是当今世界流行的概念之一，而且具有强大的生命力和辐射效应。奉献、友爱、互助、进步是志愿者的精神。从做事的角度来说，志愿者是主动去做，而非被动去做。

我认为，志愿者制度是创造有道德的学校环境的关键所在。班级所有事务和岗位采取学生自主认领的形式，将"我要你做什么"变成"我愿意做什么"。在运行机制上，学校的德育处、团队组织同时也是志愿者组织的管理者；在评价机制上，主要采用星级晋级制来评价学生个体，评价依据主要是服务时间，与岗位无关。

建立志愿者制度之后，孩子们每天看到的都是同学在为班级、学校甚至社会做好事。长期做，天天做，大家都在为对方服务，这就融洽了同学之间的关系，使大家天天生活在有道德的群体当中。有些孩子最初并不愿意做志愿者，但由于环境的影响，就自觉加入进来了。从理论上来说，如果把学校变成一个有道德的地方，孩子们就可以生活在有道德的环境里，自愿地、无偿地为他人服务，为集体做贡献，逐渐形成习惯。

随着时间的推移，我们把家长也影响成为志愿者。学校创设了一些岗位，比如，图书馆义工、兼职教师、辅导教师，等等。我们通过学生志愿者活动，逐步带动家长参与，然后组织家长去帮助弱势群体，参加公益事业，维护公共秩序，承担社会责任。

一旦家长成为志愿者，其社会影响力是无穷的。我们润州区有两万多个孩子，十几万家长，如果我们长期坚持的话，每十年就会影响到十几万人口，坚持两个十年，整个润州区的二十几万人口都会受到影响。长此以往，社会道德水准就会得到提升，学校影响社会文化风尚的功能就能得以实现，这就是学生志愿者的辐射效应。当然，学校影响社会，或许还只是我们的推想；学生引领家长，却是触目可及、早已呈现在眼前的现实。

志愿者制度还可以带动师德的提高，教师和学生在有道德的学校环境中相互促进、相互影响，随处可见爱与奉献的情景，教师的灵魂必定得到涤荡，教师也会成为志愿者，从而加速形成一个高尚而充满活力的教师群体。

3. 构建新型“三好学生”制度

新型“三好学生”制度旨在鼓励学生进步和全面发展。具体包括德、智、体三方面要求和准入机制。

德——以前，品德好不好，难以界定，但志愿者制度建立以后，学生就有了志愿者星级评价，会比一比谁做的好事多。获评“三星级”即具备“三好学生”准入资格，这就有了品德考量的抓手。

智——跟自己比进步。智育成绩跟人的智力有关，跟生长发育的程度有关。所以评比时，让学生跟自己比进步，不仅指成绩进步，也包括态度进步。态度进步了，未必成绩就能进步，但是态度进步了，它也是智育的主观能动性的努力的结果。

体——体育成绩跟体质有关，不仅受先天的影响，还受生长发育的影响，甚至受营养结构的影响。“体”和“智”一样，我们不对其作过多要求，只看学生自己的进步程度。

除德、智、体之外，我们还加了很多其他准入机制，读书、家务事、书写水平等，主要是为了促进孩子的全面发展。比如读书，学生要根据我们开出的必读书目获得“读书之星”。另外，为了鼓励孩子多读书，我们鼓励孩子推荐好书给大家看，要写出这本书好在哪里。这是一个门槛。我相信这个门槛每个孩子都能迈过去，只要认真去做。

新型“三好学生”制度的特点是人人都有机会，这些机会跟学生的生长发育、智力因素关系都不大，抓住机会并努力以后就能实现目标。实现以后，不会有人攀比，因为都是每个人平时一点点积累起来的，尤其是志愿者星级。这些评价标准就避免了把考试分数看得过重。

我们在这三个方面做了改变，实际上就把学校里最重要的制度做了完善。这三项改革很难，但是只要我们足够重视，扎实推进，德育工作一定会不断进步。

实际上，学生、家长的道德水准都得到提高的话，整个社会的道德水平就会随之提高。因为学校的覆盖面太广了，我们不能指望其他机构来提升国民素质和道德水平，学校才是最可靠、最有效的渠道。

二、落实全员育人的班改实践——润州区教育局推进班改实验的报告*

镇江市润州区从 2012 年 8 月起推进班级管理体制改革，实施以班级教育小组制取代班主任负责制的改革。三年多来，通过实践和研究，对班级教育小组的认识不断深入，区域推进班改实验的措施、策略不断完善。下面就润州区推进班改实验的具体情况汇报如下：

（一）我们的思考：为什么要推行班改？

长期以来，我国基础教育班级管理体制是班主任负责制。班主任负责制起源于 20 世纪 30 年代的苏联。新中国成立后，我们学习苏联的教育模式，班主任负责制也就进入了我国的基础教育领域。在特定的历史阶段，班主任成为班级的“主心骨”、成为班级活动的组织者、成为班级教学活动的协调人……在计划经济体制下，班主任负责制这种权力相对集中的管理体制确保了学校教育要求在班级得到有效落实，各种大型活动在班级得到快速响应和有效开展。

但随着社会的发展和教育改革的不断深入，班主任负责制的弊端也越发显现，具体表现在如下几个方面：

---

* 本部分原作者为镇江市润州区教育局党委委员束乾春。

1. 班主任工作繁杂，疲于应付

在班主任负责制下，班主任实际成了班级管理、建设的唯一责任人。通过对班主任工作的实际观察和总结，我们看到班主任除完成本身教学工作外，日常班级管理、建设任务多达十几项，班主任承载太多的任务、责任，心理压力较大。学校的各种教育要求最终都要汇聚到班主任那里，班主任工作千头万绪，能力稍弱一些的班主任只能忙于应付，甚至难以招架。在这样的情况下，班主任根本无法对每个学生进行深入的研究，无法按照学生身心发展规律采取科学合理的教育措施。实际的状况是，一方面班主任们觉得很累，另一方面很多工作都只能浮于表面。很多教师不愿意当班主任。

2. 与现代教育的民主精神相悖

2012 年 6 月，教育部起草了《依法治校——建设现代学校制度实施纲要（征求意见稿）》；2012 年 11 月，教育部印发了《全面推进依法治校实施纲要》。建设现代学校制度，其核心之一就是建设民主的学校，推进学校的民主化建设。在班主任负责制下，班主任一人主导着班级的教育，掌握着班级教育、发展的话语权，这显然不符合现代学校制度建设的要求。

3. 难以做到班级管理决策的科学性

班主任负责制，客观上造成班主任成了班级管理、发展的唯一者，对于班级存在的问题、班级学生的教育问题、班级的发展方向等，班主任难有商量者、讨论者。班主任很难获得来自其他人员适切的意见和建议，这就影响了班级管理决策的科学性。

4. 不利于全员育人思想的落实

在班主任负责制下，任课老师主要关注自己教学的学科，包括这门学科的课堂管理、学生作业的完成、学科考试成绩等。本学科教学之外的其他事情他都是可以不管的，因为分配制度和评价制度决定了这一点。

还有学校里的管理人员，他们是教师群体中的优秀者，在班主任负责制下，他们在学生面前基本扮演任课教师角色，他们也很少参与班级管理、班级建设，不接地气，是优质人力资源的浪费。

这样一来，学生的教育、班级的建设有了三种角色：管理人员、班主任和任课教师。在教育孩子和班级管理、建设上，这三种人没有形成合力。

在班主任负责制下，重要的教育者之一——家长只能被动服从与配合学校和教师，缺少民主参与班级管理的机会，缺乏必要的建议权、评价权。家长受到的培训极少，家庭教育的作用远远没有得到重视。

我们常常讲要全员育人，但是，班主任负责制使得学校人力资源浪费，使得家长游离教育之外，并不是所有的人都在做孩子的榜样，都在教育引导孩子。没有全员育人，就没有全程育人，也没有全面育人。全员育人是全面育人和全程育人的基础。

基于上述原因，我们认为原有的班主任负责制必须改革。润州区在学习南外仙林分校班改经验的基础上，开始了班改实验。

（二）我们的认识：班级教育小组是什么？

区域层面推进班改，用班级教育小组制取代班主任负责制，必须理解班级教育小组的内涵。我区到南外仙林分校学习考察，在此基础上组织校长、教师研讨，从社会发展需要、教育改革要求和学生发展规律等方面来认识理解班级教育小组，形成了我们的观念。

1. 班级教育小组是整合各方力量的教育集体

影响学生成长主要因素有学校（教师）、家庭（父母）和伙伴（同学），为发挥各方教育力量，形成教育合力，班级教育小组由教师（3 名左右）、家长代表和学生代表组成。学校管理人员作为班级教育小组成员，参与班级管理工作。每个班级教育小组有组长一名，领导班级教育小组工作，起到组织、协调作用。

2. 班级教育小组是集聚教育智慧的班级领导核心

班级教育小组在组长的带领下，共同商议、确定班级发展目标，共同制订班级工作计划，共同谋划班级文化建设并发挥各自特长促进班级特色建设，共同研究班级学生思想状况并实施教育，共同带领班级学生参与学校各项活动……在学生教育和班级管理、建设过程中，班级教育小组成员努力贡献自己的教育智慧。

3. 班级教育小组是职责分明但又团结互助的合作团队

班级教育小组在实际运作过程中，围绕班级发展目标、班级工作计划和班级具体事务，经过商量进行合理分工（班级事务分工、常规管理分工、重大活动分工），做到职责分明。在具体实施过程中，大家又互相帮助，体现团结协作的团队精神。

4. 班级教育小组是关注学生个体健康成长的导师团队

班级教育小组把关注学生个体健康成长、促进学生良好的个性养成作为重要目标之一。班级教育小组中的教师必须与学生“牵手”（班上每名学生都有“牵手教师”），教师要重视观察、分析“牵手学生”，通过“日碰头”“周例会”“月诊断”分析学生的发展状况，教师通过个别交流、组织活动引导学生健康成长。班级教育小组的家长代表，发挥自身家教特长，指导帮助其他家长提高家教水平。班级教育小组的学生代表与班级特殊学生“手拉手”，互帮互助，共同进步。

5. 班级教育小组是教育民主、开放办学的促进者

班级教育小组中有家长代表、学生代表，家长、学生对班级、学校的意见和建议得到了更好的关注和吸纳，家长、学生能够参与班级、学校的管理，现代学校制度所倡导的教育民主化得到了充分体现。在班级建设过程中，家长、社区资源要得到充分利用，家长也可以成为课堂上的教师，在各类活动中要有家长的身影，社区要有学生活动的场景。家庭、社区、学校融合，开放办学才能得到落实。

在实验的过程中我们还在不断丰富和完善对班级教育小组的认识。

（三）我们的实践：如何在全区所有中小学推进班改呢？

1. 顶层设计，强势推进

在全区所有中小学推进班改不是一件容易的事，有来自方方面面的阻力。为有效有序推进班改实验，我区十分重视做好推进工作的顶层设计。我们召开了校长会、分管德育主任会、教师代表会，广泛征求意见，制订了《润州区推进班改工作实施方案》。通过顶层设计，首先明确了班级教育小组的性质、运行机制；

第二，明确了教育局各科室在推进班改工作中的职责，形成推进合力；第三，确定了推进班改工作的三个阶段，明确了每阶段的工作任务。

第一阶段：试点阶段（2012 年 8 月—2013 年 6 月）

任务：(1) 学习南外仙林分校班改经验，结合镇江市润州区情况，初步形成了润州区自己对班级教育小组制度的认识、理解；(2) 制订试点方案；(3) 2012 年 9 月，全区中小学选择一个年级作为试点年级，对班级教育小组的组织建设、班级教育小组的运行机制进行考量；(4) 通过调研，搜集试点过程中遇到的问题（教师认识的问题，积聚教育智慧、形成教育合力的问题，牵手学生有针对性教育的问题，分配制度优化的问题）并对问题进行分析、研讨，拿出相应的对策；(5) 召开班级教育小组试点工作经验交流、总结会。

第二阶段：全面推进阶段（2013 年 9 月—2015 年 12 月）

任务：(1) 制订全面推进班改方案；(2) 全区中小学所有年级进行班改实验；(3) 教育科牵头，相关科室参与，每学期对班改工作进行调研；(4) 每学期召开推进班改工作交流、总结会；(5) 各校围绕推进班改工作难点、热点问题确立课题，开展研究，形成本校班改工作的亮点和特色。

第三阶段：总结阶段（2016 年 1 月—2016 年 6 月）

任务：全面总结班改工作，深化班改研究。

在全区中小学实施班改，行政的强势推进十分重要。我区把推进班改工作上升为全区教育改革发展重大战略之一，列为一把手局长工程，这对我区班改工作顺利推进具有十分重要的意义。

2. 注重培训，提高认识

班主任负责制在基础教育界已运行几十年，习以为常，现在如何去改变？班级教育小组是什么样的？推行班级教育小组制真能改变教育生态、实现全员育人？这些问题存在，很自然。这些认识或问题不解决，推进班改很困难。所以我们在推进班改工作中，把培训作为工作重点之一。

(1) 加强对德育管理干部的培训。

2012 年暑期和 2014 年暑期，润州区教育局组织了全区德育管理干部到南京师范大学培训。培训中，大家既聆听了专家学者关于德育改革前沿的理论阐述，又实地考察了先进地区关于德育改革的鲜活实例。南外仙林分校班改工作给我区德育管理干部启发很大，留下了深刻印象。在班改试点阶段，结合试点所遇问题，区教育局又邀请南外仙林分校钱铁锋校长、班级教育小组组长和班级教育小组成员到我区现场指导。让德育管理干部参加高层次培训，帮全区的德育干部“洗脑子”、提认识。区教育局还经常举办德育管理干部沙龙，围绕班改的热点和难点问题，让德育管理干部学习、思考和交流（德育话题），加深德育管理干部对班改热点和难点问题的认识，增强解决班改热点和难点问题的能力。

（2）重视对全体教师的培训。

每个教师都是德育工作者，提高教师的认识和水平，对于落实全员育人、全程育人和全面育人具有十分重要的意义。2013 年 8 月，区教育局在南徐小学组织了班级教育小组全员培训会，培训对象为全区中小学教师，时任区教育局局长的黄科文亲自作动员讲话、作培训辅导报告，阐述教书育人的重要意义，对班级教育小组内涵、运行机制、考核和分配方案作了详细解读，吹响了全面推进班改的号角。

各片区培训以主题式培训为主，培训主题有理念层面的，如：为什么要进行班级体制改革？班级教育小组有怎样的教育功能？有实践层面的，如：如何组建班级教育小组？班级教育小组的主要工作制度有哪些？如何做好牵手学生的教育？如何建立科学的学生评价激励机制？通过对这些具体问题的学习、讨论，教师们改变了教育观念，增强了育人意识，提升了育人本领。

学校在推进班改工作过程中也非常重视教师（学生）培训，金山小学为提高“月诊断”实效，制定了《月诊断“三有”制度》，通过培训帮助教师掌握“三有”（有诊断前介入，有主题诊断，有帮扶措施）工作策略；李家大山小学通过“内部资源优化模式”“外部资源引入模式”来培养全体教师的教育能力；镇江实验学校借助“幸福的支点”教育沙龙活动，以“我和孩子们的故事”为话题，组织班级教育小组核心成员对自己参与班级教育管理工作的点滴进行案例撰写，并举办“说故事”现场分享活动；江苏省润州中等专业学校借助“润泽讲坛”这个平台，以“我的牵手学生”为题，让教师讲自己的教育故事，传递教育的正能量；穆源民族学校的“班改为你开窗”系列活动，成了教师分享班改经验、交流亮点做法的展示舞台。

（3）重视家长的培训和参与。

家长是德育工作的重要力量，推进班级教育小组改革，离不开家长的支持和参与。各学校通过“家长学校”向家长宣传科学的教育观念和班级教育小组的内涵、运行机制，提高了家长的认识，引导家长积极参与班改工作，努力形成教育合力。2014 年 8 月，润州区 400 多名家长走进“润州名师讲堂”，聆听《家校结合共同教育好孩子的智慧》的专题报告，共商教育之大计。

3. 建章立制，制度保障

全面推进班级教育小组改革遇到的最大问题是原先没有做过班主任的部分任课教师认识不到位。针对这一情况，区教育局出台了《润州区教师育人基本要求》，明确教师育人能力是教师的第一能力、育人工作是教师的第一要务，以此来规范全体教师的育人行为。

围绕班级教育小组改革，区教育局出台了《润州区中小学班级教育小组设置与管理办法》、班级教育小组“三会制”、班级教育小组“分工制”、班级教育小组“导师牵手制”、《班级教育小组评价与考核细则》等规章制度。各学校也结合本校情况，制定了相关制度。这些制度的制定与执行，有力地保障了班改工作的顺利推进。

4. 课题引领，丰厚内涵

在全面推进班改过程中，我区坚持“问题导向”，对出现的问题仔细分析、研究，把问题变成课题。以班级教育小组改革为重点，根据润州区教科研“金字塔”模型构建的要求，区教育局申报了市级立项主课题“以‘制度创新’为抓手的区域德育体制改革的实践研究”，局长为主课题主持人。全区各校围绕德育改革主课题，积极申报德育研究子课题，有 13 所中小学的德育子课题成功申报为市级教科课题，相关课题如下。

班级教育小组制度改革子课题：

①“阳光教育小组”：全人教育视野下班级管理模式的创新研究（镇江实验学

校）；

② 值日班主任制度的实践研究（镇江市李家大山小学）；

③ 班级教育小组背景下营造家校共育文化的行动研究（镇江市中华路小学）；

④ 和谐德育的策略与路径研究（镇江市穆源民族学校）；

⑤ 依托“班级教育小组”促进学生自主发展的实践研究（镇江市桃园中心小学）；

⑥ 中职学校“导师牵手制”的实施研究（江苏省润州中等专业学校）；

⑦ 小学生综合素质评价“月诊断”策略的研究（镇江市金山小学）。

新型学生评价制度改革子课题：

① 自觉少年：初中生发展性评价的实践研究（镇江市官塘中学）；

② “新三好”：小学生综合评价的实施研究（镇江市朱方路小学）。

班干部制度改革子课题：

① 绿色志愿者联盟活动的实践研究（镇江市润州区实验小学）；

② 小学生责任感培养的特色活动研究（镇江市孔家巷小学）；

③ 绿色志愿者：中小学学生志愿服务的实践研究（镇江实验学校魅力之城分校）；

④ 小学生“幸福娃志愿者行动”的实践研究（镇江市南徐小学）。

通过“金字塔”模型的架构，构建了区教育局主课题引领、学校子课题研究落实的课题群，形成研究的合力。2013 年上半年，区教育局根据班改试点阶段出现的问题进行研讨，确立了德育管理体制改革的主课题，各校根据校情确立子课题。2013 年 10 月，课题正式申报。2014 年 1 月，德育管理体制改革主课题和子课题获批为市级教科课题。2014 年 5 月，区教育局组织了主课题和子课题的开题论证，论证会后，对课题方案进行了修改完善；2014 年 11 月—12 月，组织了课题群研究的第一次阶段性汇报；2015 年 11 月—12 月，组织课题群研究的第二次阶段性汇报。通过课题研究，引导各学校针对问题，加强学习，合力攻关，深化班改等管理体制改革工作。

5. 捆绑考核，科学评价

推进班改，以班级教育小组制替代班主任负责制，希望达到的目标之一是班级教育小组成员能够贡献自己的教育智慧，共同加强对学生的教育，促进班级的发展。为了实现这样的目标，除了加强教育引导、出台制度予以保障外，实施科学评价也十分重要。各校在区教育局指导下，都制定了《班级教育小组评价与考核细则》，对班级教育小组成员（教师）实施捆绑考核：一是班级教育小组成员（教师）日常履职考核，根据分工，每月考核教师工作完成情况；二是班级发展考核，根据每学期制订的班级发展目标，每学期由学校组织班级发展评比，确定班级发展状态。综合日常履职考核和班级发展考核，形成对班级教育小组成员（教师）班级教育工作的综合评价。同时我们对绩效分配方案进行改革，取消班主任津贴，发放班级教育津贴，把对教师班级教育工作的综合评价和班级教育津贴的发放有机结合起来。

每年各学校都评选优秀班级教育小组家长、优秀班级教育小组组长、优秀班级教育小组教师。每年教师节，润州区政府、区教育局都表彰班级教育小组先进个人，培育典型，发挥榜样的示范作用。

（四）我们的收获：推进班改给我们带来了什么？

推进班改以来，我们觉得最大的收获是全员育人的氛围日渐浓郁，每位教师在自己的岗位上教书育人，悉心呵护孩子的成长；每位家长关注孩子的健康，与学校共同做好孩子的教育；每位学生在尊重、平等和民主的环境中积极进取。

推进班改，也让我们收获了很多荣誉和关注：广东省肇庆市、浙江省杭州市拱墅区、内蒙古达茂旗、西藏拉萨市达孜区、昆山市、镇江市丹徒区等兄弟县（市、区）组团来我区考察、学习班改工作；2014 年 3 月，镇江市中小学德育工作现场会在我区南徐小学召开，向全市推介我区的班改实践；2014 年 8 月 19 日，江苏省教育厅印发的《江苏教育工作简报》第 15 期，以“镇江市润州区实施德育领域综合改革取得良好成效”为题向全省宣传润州德育改革；以“班级教育小组”为核心的德育工作综合改革，在全国教育局局长论坛、全国卓越校长高峰论坛上做经验介绍，获评镇江市“2014 年十大教育新事”；全国各大媒体也给予了关注。

附录 1

润州区德育体制与工作机制创新

一、项目形成背景

《国家中长期教育改革和发展规划纲要(2010—2020 年)》指出，教育的工作方针是优先发展、育人为本、改革创新、促进公平、提高质量。教育要发展，根本靠改革。要以体制和机制改革为重点，鼓励地方和学校大胆探索和试验，加快重要领域和关键环节改革步伐。创新人才培养体制、办学体制、教育管理体制，改革质量评价和考试招生制度，改革教学内容、方法、手段，建设现代学校制度，构建中国特色社会主义现代教育体系。

当前，教育存在一些问题，学校的道德教化功能实效性不强。学生的综合素质不够高，特别是学生的责任感与荣誉感、诚信与守秩序、合作与交往能力、民主意识与批判精神、创新与实践能力等存在不同程度的缺失。

“道德养成是由每天生活在其中的环境决定的，好的环境让善得到生长，坏的环境使恶得到膨胀。”创设良好德育环境的关键是尊重、平等和民主。长期以来学校实行的班主任制度、“三好学生”制度和班干部制度虽然在教育发展上起着一定作用，但在人力资源的开发利用、尊重平等与民主环境的创设等方面存在许多弊端，急需加以改革和完善，进行制度改革创新。我区 2013 年初出台《关于下发〈润州区中小学班级教育小组设置与管理办法〉的通知》(镇润教〔2013〕21 号)，拉开了以“制度创新”为抓手的区域德育体制改革的序幕。

二、项目简介

为更好地体现“尊重、平等”的德育内涵，建立全员育人、全程育人和全面育人的机制，建立有利于全面提升学生综合素质、促进学生全面成长的德育运行体制，区教育局在教育培训中心聘任德育教研员，建立德育团队打造精品德育，成立“班级教育小组”“班级志愿者”“新型‘三好学生’”三个研究开发小组，借助润州区学生综合素质培育网的平台，在全区学校有序推进完善区域德育改革。

三、运行机制

1. 改革班主任制度，用“班级教育小组”全面替代

一是构建班级管理新体制。主要由学校领导干部、班级任课教师代表、学生代表、学生家长代表组成班级教育、活动和管理的领导核心，以润州区教育培训中心的班主任工作室为抓手，对全区教师进行区级、片区、校级培训，全面形成班

级教育小组集体领导的班级管理新体制。二是对班级活动进行合理分工。班级常规工作由班级教育小组核心成员分工负责，组长负责协调组织；实行导师制，把全班学生合理分给班级教育小组的教师当“研究生”；重要活动如班会、春秋游、读书节等合理分工给核心成员策划、组织和实施；教师牵手学生，将班级内学习基础相对薄弱的孩子分给组员帮扶；家长代表和学生代表负责联系相关家长和同学，与家长和同学沟通交流，采集民意，参与管理。三是实施三项运行机制。实施“日碰头”“周例会”和“月诊断”运行机制，“日碰头”“周例会”不拘时间、形式，“月诊断”则把当月出现的问题、取得的成效进行仔细分析和研究，并制订下个月的工作计划。四是实施两项保障机制。改革评价制度，重点评价各个班级的发展状况，实行捆绑式评价，对班级教育小组核心成员而言，班级发展评价即为对其个人评价，鼓励合作共进，形成班级建设合力，促进班级发展。改革津贴分配制度，建立班级教育小组后，所有教师都参与班级管理、落实育人职能，原先只有班主任有津贴而任课教师却没有的状况需要改变，而绩效工资改革为分配制度的重建提供了可能。在新的分配制度下，班级教育小组组长和核心成员之间收入差距远小于原来班主任与任课教师的差距，组长与行政干部之间收入差距甚微，鼓励行政干部回到教育一线。

2. 改革班干部制度，用“志愿者制度”全面替代

班级所有事务和岗位采取学生自主认领的形式，将“我要你做什么”变成“我愿意做什么”。运行机制上，学校德育处、团队组织作为志愿者组织的管理者；评价机制上，采用星级晋级制，评价依据主要是服务时间和质量，与岗位无关。志愿者制度实现让每一个孩子每天都生活在“奉献、友爱、互助、进步”的平等的有道德的群体中。

3. 改革“三好学生”制度，用新型“三好学生”制度全面替代

德、智、体三方面内容的考核作为准入机制。“德”的量化标准，比一比谁的志愿服务时间多、效果优，成为相应“星级志愿者”；“智”的量化标准，跟自己比，学习态度、学习成效有进步就行；“体”的量化标准，无过多要求，与自己比进步就行。同时，以区教育培训中心领衔开发的“我爱孩子”“我的形象我做主”“我爱我自己”“我爱阅读”等阅读、家教、家政、礼仪等促进学生全面发展的区本课程，作为相关考量和评判内容。这一评价体系的构建旨在鼓励所有学生进步和全面发展，实现人人都有争当“三好学生”的机会。

四、成绩描述

德育工作机制的实践创新富有成效，班级教育小组内学校领导干部、班级任课教师代表、学生代表、学生家长代表实行民主决策，“全员育人”的功能彰显；“志愿者制度”实现让每一个孩子每天都生活在“奉献、友爱、互助、进步”的有道德的群体中；新型“三好学生”制度为核心的学生评价体系，使得每个学生的进步都得到认可。德育工作机制的实践创新，使得全员育人、全程育人和全面育人的机制建立并有效实施，学生责任感和荣誉感、尊重和善良、诚信与守秩序、合作与分享、自信与独立人格等得以重视并培养。

德育工作机制的实践创新越来越引起各方高度关注。中央、省级媒体集中报道了我区改革班主任、班干部、“三好学生”制度等经验。继《中国青年报》在2014年4月13日的头版头条刊登了介绍镇江市润州区改革班主任、班干部、“三好学生”制度的长篇通讯《让每个孩子都受到关注和尊重》后，新华网、光明网、中国网、中国教育新闻网、中国日报网、中国江苏网等主流网站也先后作了宣传报道。2014年5月3日《中国教育报》以“‘微改革’让每个学生当‘主人’”为题报道了润州区改革班主任、班干部、“三好学生”制度的经验做法，2014年4月30日的《江苏教育报》头版头条刊登长篇通讯《让每一个人都成“主人公”》，对润州区改革班主任、班干部、“三好学生”制度作了深入报道。2014年3月28日，镇江市教育局在我区召开德育工作现场会，向全市推广我区的德育改革。

五、佐证材料

（一）媒体报道

（1）让每个孩子都受到关注和尊重——《中国青年报》，2014年4月13日头版头条。

（2）“微改革”让每个学生当“主人”——《中国教育报》，2014年5月3日。

（3）让每一个人都成“主人公”——《江苏教育报》，2014年4月30日头版头条。

（4）影响道德发展的三项制度及改革——《中国德育》，2013年第24期。

（二）课题研究

镇江市教育科学“十二五”规划立项课题（第三批）

（1）主课题：以“制度创新”为抓手的区域德育体制改革的实践研究。

（2）子课题：

序号	地区	单位	课题名称
72	润州	江苏省润州中等专业学校	中职学校“导师牵手制”的实施研究
79	润州	镇江市金山小学	小学生综合素质评价“月诊断”策略的研究
82	润州	镇江实验学校	“阳光教育小组”：全人教育视野下班级管理模式的创新研究
84	润州	镇江实验学校魅力之城分校	绿色志愿者：中小学学生志愿服务的实践研究
88	润州	镇江市官塘中学	自觉少年：初中生发展性评价的实践研究
92	润州	镇江市孔家巷小学	小学生责任感培养的特色活动研究
94	润州	镇江市李家大山小学	值日班主任制度的实践研究
95	润州	镇江市穆源民族学校	和谐德育的策略与路径研究
96	润州	镇江市南徐小学	小学生“幸福娃志愿者行动”的实践研究
98	润州	镇江市润州区实验小学	绿色志愿者联盟活动的实践研究
99	润州	镇江市桃园中心小学	依托“班级教育小组”促进学生自主发展的实践研究
102	润州	镇江市中华路小学	班级教育小组背景下营造家校共育文化的行动研究
103	润州	镇江市朱方路小学	“新三好”：小学生综合评价的实施研究

（三）承办活动

承办镇江市中小学德育工作现场会，向全市推介我区德育改革。

（四）研训一体

1. 关于下发《润州区中小学班级教育小组设置与管理办法》的通知（镇润教〔2013〕21号）。

2. 与班级教育小组工作相关的网页报道。

(1) 区级层面。

我区召开班级教育小组试点动员暨管理人员培训会；

润州区班级教育小组试点工作第二次培训在南徐小学进行；

润州区教育局召开中小学班级教育小组试点工作经验交流会；

润州区教育局隆重召开区“班级教育小组”全员培训会；

润州区 400 多位家长走进“名师讲堂”——家校结合共同教育好孩子的智慧。

(2) 片区层面。

关于润州区中小学片区和学校上报“班级教育小组”上岗培训计划的通知；

润州区中小学“班级教育小组”上岗培训片区培训日程安排；

关于组织润州区中小学教师参加“班级教育小组”上岗培训的通知；

中华片区“班级教育小组”管理者培训会；

宝塔片区开展“班级教育小组”上岗培训会；

中华片区“班级教育小组组长”培训在桃园小学进行；

实验片区——“阳光教育”小组，我们已经准备好。

(3) 学校层面。

各校“班级教育小组”工作相关网页报道。

(4) 人民网、南报网、新华网报道镇江市润州区中小学试点新班级管理模式。

3. 润州区班主任工作室工作小报《幸福老班》。

附录 2

润州区教师育人基本要求

为进一步推进班级教育小组改革，强化教师育人责任，实现全员育人、全程育人和全面育人，根据《中华人民共和国教师法》《中小学教师职业道德规范(2008 年修订)》和省市“十二五”规划的有关精神，特制订润州区教师全员育人基本要求。

1. 在思想上引导学生。教师要及时发现和了解牵手学生的个性特征、行为习惯、道德品质、思想状况等，通过平等接触、正面引导、启发鼓励和创设情景等手段，帮助学生正确认识自己、他人和社会，培养良好的道德品质，树立遵纪守法意识，确立远大理想。

2. 在学业上辅导学生。教师要认真分析牵手学生的学习状况，加强对学生的学习动机、学习方法和学习习惯的指导与矫正，帮助学生激发学习潜能，树立学习信心，提高学习效率，顺利完成各项学习任务，养成终身自主学习的习惯。

3. 在心理上疏导学生。教师要及时了解牵手学生的心理状况，进行有针对性的心理咨询和指导，缓解学生的心理压力，提高学生应对挫折的承受力，激发学生自尊、自爱、自主、自信意识，学会正确对待自己和他人，让学生拥有阳光心态，保持积极向上的精神面貌。

4. 在生活上指导学生。教师要指导牵手学生科学安排日常生活，合理进行个人消费，形成良好的生活习惯和生活方式，明确生活目标，端正生活态度，学会过充实而有意义的生活。

5. 在成长上引导学生。教师要帮助学生了解自己的能力倾向和兴趣，培养自己的爱好和特长，为将来正确选择职业打好基础，为学生的终身发展奠基。

为更好地达到上述育人要求，根据《润州区班教小组指导意见》，全体教师还应坚持做到以下几点：

1. 个别交流。教师坚持每星期与牵手学生个别谈心一次，及时了解学生思想动态，在学习方法、生活、行为等方面帮助其制订切实可行的计划。

2. 坚持家访。教师定期和不定期地对牵手学生进行电话访问或家访，与家长做好沟通，汇报学生在校的表现情况，了解学生在家庭的实际状况，共同探索有利于促进孩子健康成长的有效途径，帮助和指导家长改进家庭教育方法等。

3. 随机教育。教师在课堂教学、日常管理、各类主题教育等活动中，应及时发现并捕捉问题，善于引导，巧妙运用随机教育，引导学生健康成长，培养学生各方面能力，激发学生的学习兴趣，促进学生养成良好习惯。

4. 集体研讨。班级教育小组组长应定期组织班级教育小组成员针对个案进行集体研讨，对重点案例进行集体会诊，针对存在问题，研究对策，发挥“整体、合作、优化”的功能，提出解决办法。在集体研讨中相互启发，相互借鉴，相互促进，交流提升。

5. 榜样示范。身教重于言教。全体班级教育小组成员要坚守高尚情操，以德服人，以德育人，发挥榜样示范作用，做学生的表率。

三、班级教育小组的常态化运作机制*

当区域整体强势推进班级管理体制改革以后，各校的班级教育小组工作逐步进入日常化阶段。运行了一段时间之后，各校的班级教育工作又开展得如何

* 本部分原作者为镇江市润州区教师发展中心研训处副主任华莉。

呢？为此，我们进行了“校校行”调研，了解到有以下三类情况：一是领导重视，能以班级教育小组制度为抓手切实抓好教育教学工作；二是领导把班级教育工作下放给教师，学校进行简单的管理，许多班级的常规工作做得不错，但最普遍的是缺少全面而深入的班集体建设，班级教育小组组长和组员的态度和能力起到决定性作用；三是学校管理层淡化管理，基本上又回到班主任制度下的工作状况。

在分析了各校班级教育小组运行情况产生的差异后发现，主要有以下几个原因：

一是在教育和教学产生矛盾的时候，有的学校领导选择优先抓好教学。因为上级主管部门对学校教学质量的要求非常高，考核也比较严，故而学校必须优先抓好教学质量。（涉及办公室安排、“三会”制实施等，管理的方向都会有变化。）

二是有的学校班级管理体制改革的工作由校德育管理部门负责。（仅仅让德育部门长期落实这项改革的话，其他部门往往互相推诿或不作为，这项工作就很难落实下去。）

三是烦琐的班级管理工作使得班级教育小组组长和组员产生了职业倦怠感，因此只满足于完成日常工作，而缺少班集体建设的规划与行动。班级教育小组组长的领导力和班级教育小组组员的工作积极性需要提高，他们的教育力也都需要提高。

那么，区域整体强势推进班级管理体制改革之后，如何促进基层学校把常态下的班级教育小组工作落到实处呢？我们主要从以下几个方面来做：

（一）制度落实，评价导向

首先，在教育局层面强调班级管理体制改革是学校“一把手”工程，由校长负责，德育管理部门牵头落实，其他部门协助，全体老师共同参与。在前期广泛调研的基础上，我们立足区域班改现状，对原来的各项管理和考核制度不断地修改和完善，并将此项工作与教育局对学校的考核相结合，确保《润州区中小学班级教育小组组长培训制度》《润州区班级教育小组组长工作室运行管理机制》《润州区中小学班级教育小组考核评价制度》等全部落实到位。要求各校根据实际情况制定相关的实施和考核细则，将班级管理成效纳入学校绩效考核，捆绑考核与个人问责制结合，坚持正面导向，激励班级教育小组组长和成员思考新形势下的班级管理方法和措施，理论联系实际，积累经验，向校内、校外辐射，促进区域班级管理工作水平的提升。在各校班级管理水平不断提高的同时，大家对教育和教学之间的关系的认识也在不断地发生着改变。很多学校管理者也越来越清醒地认识到班级管理抓得好，教学质量必然不会差。

（二）组建团队，持续研训

起初，润州区教育局成立了区级层面的优秀班级教育小组组长工作室，组织区域德育骨干团队开展各项研训活动，先后举办了班级教育小组组长专业道德、专业知识、专业技能、教育科研、家庭教育指导能力等方面的培训，两次组织全区德育管理干部、班级教育小组组长代表到南京师范大学进行集中封闭式培训。大家在培训中聆听了专家学者关于德育改革前沿理论阐述，实地考察了先进地区关于德育改革的鲜活实例，内容涉及德育的方方面面，密集的理论和实践学习使他们突破思维瓶颈，更新了观念，学习了方法。工作室还定期举办班级教育小组组长沙龙活动，围绕班级管理的热点和难点问题展开研讨，让班级教育小组组长们在思维碰撞中加深认识，增强解决热点和难点问题的能力。一大批优秀的班级教育小组组长在层层研训活动中脱颖而出，成为区域班级管理的中坚力量。

2017 年，润州区又成立了德育研究指导中心，在学校自主申报的基础上，形成 10 个德育研究实践基地，聘请专家驻点学校，助力德育课题研究，使专题研究实践更加扎实有效。

今年，我们还将推动我区校级层面的优秀班级教育小组组长工作室的建设，由各校优秀的班级教育小组组长组建校级团队，定期开展各项培训和研究工作。

这样做旨在提升全区班级教育小组组长的整体素质，发挥优秀组长的示范带动作用，进一步打造润州区中小学优秀班级教育小组组长的品牌和特色。

这些区域内优秀的团队引领着教师们通过一次次的培训和研讨，转变教育理念，学习教育方法，反思教育行为，逐步由事务型的教育者向科研型的教育者转变，找到了教育的成就感。

（三）任务驱动，全员参与

润州区实施班级教育小组改革以后，教育局领导愈加重视德育工作，不断推出区域德育重点工作项目。我们也努力把区域德育重点工作项目与班级教育小组的工作结合起来，让班级教育小组成员们在任务驱动中历练与提升。

1. 开展“问题学生”教育诊疗工作，做教育工作的“研究者”

2016年起，我们区域开始实施基于“案例研究”的教师全员教育能力提升工程。这个项目邀请了北京教育科学研究院基础教育研究所王晓春教授作为我们的指导老师，以“教育智慧”课程学习的形式，组织了全区所有教师参加了初、中、高级培训。通过集体授课、校本培训、沙龙研讨、校长论坛和网络平台等多种方式持续性学习“教育诊疗”的科学思维方式，逐渐学会运用“教育诊疗”的方法对学生进行观察研究。“教育诊疗”主张从学生实际出发，对一个个学生进行具体分析，找出学生问题背后的原因，并拿出切实可行的对策。它的灵魂是科学的思维方式，主要特点是因人施教，对症下药。所有班级教育小组成员把这个项目和班级教育小组“牵手”学生工作结合起来，以团队的形式研究学生和解决学生发展中的“问题”。大家在做“教育诊疗”的时候，能够转变观念，进行科学思维。这个时候教师的角色更像一个研究者。

2. 推进家校共育工作，人人都做家校共育的“指导师”

2018年7月，润州区出台了《润州区教育局关于家校共育工作的管理意见》，着力打造家庭教育讲师团、区教育智慧工程和区家校共育平台；各校重点做好家长学校建设、家校合作委员会建设、积极开展家访校访等几方面的工作。此项工作，没有另起炉灶，没有额外地增加老师们的负担，而是将家校共育工作与班级教育工作有机地结合起来，采取了“千师进万家”“家长驻校办公”“智慧导师牵手制”等多种形式畅通家校沟通渠道，营造家校共育的良好氛围，增强了家校共育的实效。

每一项任务的完成都是痛并快乐着的磨炼。它更新了教师们的教育观念，让班级教育小组成员更加热爱自己的教育教学工作，更加关注学生的身心健康，懂得不仅要用真爱去教育孩子，还要理性思考，用科学的方法，用智慧去陪着孩子慢慢成长。

班级教育改革以来，我们在学习中建构，在实践中反思，在这场改革中，我们从困惑走向坚定，从批判走向建设，一路前行，一路收获……

02

学校实践：班级管理体制改革的实践创新

一、依托班级教育小组，构建和谐育人环境——班级管理体制改革的校本化实施*

（一）学校概况

镇江市穆源民族学校始建于清光绪三十二年，即公元1906年，是全国第一所新式回民学堂，初名为穆源学堂，至今已有100多年的历史。百年峥嵘岁月，历经坎坷艰辛。学校历经战火洗礼、迁址办学、异地重建，但唯一不变的是穆源人心系民族团结事业、民族文化传承的教育情怀。学校虽曾为回族企业家私人办学，但一直坚持招收回汉子弟入学，有教无类，践行“民族和融”教育思想，曾为推动区域民族团结事业作出了杰出贡献。学校英才辈出，曾涌现出人民出版社原副社长、著名出版家范用。他曾编有《傅雷家书》，以书信体撰写《我爱穆源》。岁月流走，沧桑巨变，如今的穆源学校花木扶疏、青砖黛瓦，尽显学校地处江南水

---

* 本部分原作者为镇江市穆源民族学校章瑾。

乡的钟灵毓秀之美，倡导文化引领，实行规范办学，实施精细管理，追求科学发展，彰显校园文化，提升办学品位。

（二）改革背景

2012年，润州区教育局开始借鉴南外仙林分校的成功经验，探索以班级教育小组集体领导的班级教育管理体制，以期实现班主任工作制度的创新，构建"全员育人"模式。班级管理体制改革的承载形式是班级教育小组，这也是南外仙林分校通过自己的思考与实践奉献给所有教育工作者的"教育智慧大餐"。借鉴他山之石，尊重校本实际，我们提取出班改的两个核心价值：

人文价值——针对我校而言，将"和谐"一词作为我校班级教育改革体系中的精神指标，是对校史中"民族和融"教育思想的传承，更是对当代校风"和美清远"的最好诠释。

实践价值——通过"校本研训、家校共育、科学评价"等方式，班级教育小组成员形成德育理念、目标的融通与文化认同；促成班级教育小组成员德育专长的有效施展；达成班级教育小组成员德育行为的协调高效，努力实现全员育人、全程育人与全面育人。

2013年，我校在润州区德育改革主课题群的引领下，申报了市"十二五"规划课题"和谐德育的策略与路径研究"。我校研究的"和谐德育"指的是在班级管理体制改革背景下，班级教育小组各成员在团队工作时力求德育理念、德育专长和德育行为的和谐共生、团结共进，也指学校德育管理模式与班级教育小组运行模式间的人文化融通，从而逐步形成学校、家庭"全员育人"的德育氛围，从而促进学生的全面发展。

（三）实施过程

1. 了解现状，厘清班改的教育关系

我们在全校教师中展开调研，内容包括“班级教育小组工作的理想与现实”“班级教育小组组长管理优势与障碍”“核心成员教育能力”等。在被随机调查的22位教师中，有近一半的教师认为班级教育小组制度的初衷是很好的，但是传统班主任负责制已经沿袭几十年了，岂能说改就改，所以有“雷声大，雨点小”之嫌。也有几位教师认为班级教育小组的意义就是把原来班主任干的事分给三个人一起做。同样的被调查群体，只有10%的教师认为“班级教育小组组长的管理是没有障碍的”。在对30名班级教育小组核心成员的调查中，有73%的成员能肯定自己的教育能力，但是更多的仅限于某一方面的教育能力。而在对家长与学生代表“是否乐意参与班级教育管理”的调查中，22份样本，100%的回答是“乐意”。面对调查数据，我们认为，我校教师对班级教育小组的教育关系还停留在班主任“一言堂”、任课教师“做旁观”的传统模式，需要厘清与调整。

2. 尊重校本，把握班改的原则与策略

（1）校本化原则。充分考量学校之间用工体制的差异，尊重校本实际，在现有的体制与工作条件下，调动教师的班级教育积极性与主动性，营造和谐的班级教育氛围。

（2）实践性原则。所有教师需要通过不断的实践去体会与感悟班改的价值与意义。

（3）系统性原则。班级教育小组建设是一项系统工程，需要我们用全局的眼光、全面的布局务实推进。

由此，我们在“和谐德育”的实践中可以采取以下行动策略：①融合策略。学校针对校本实际，将南外仙林分校班级教育改革的成功经验，进行有机的融合，真正实现“他山之石”的借鉴功能。②统筹策略。系统规划，在制度、人文、评价等方面先行计划、有序实施。③发展策略。不仅要提升班级教育小组成员的教育专业修为和团结协作的人文精神，更要加强家庭与学校、学生与教师之间的和谐关系。

3. 务实推进，探索班改的途径与方法

从2013年1月开始，学校就开始了班级教育小组工作的年级试点；2013年9月，班级教育小组工作在我校全面推进。在近两年的实践研究中，我们以“以生为本、全员育人”为宗旨，通过“建章立制、合理分工、加强研训、科学评价”等途径，努力创设和谐的德育氛围。

(1) 科学规划，建章立制。

首先，学校在班级教育小组试点之初就制定了《穆源民族学校班级教育小组设置与管理办法》，其中包括班级教育小组工作的性质、主要工作及要求、分工、班级教育小组考核暂行办法等。其次，我们根据学校师资实际情况出台了《关于“班级教育小组组建”的校本化实施意见》，此《意见》充分尊重学校实际，在班级教育小组人员配置上采取年级安排上“就低不就高”“性别、性格、能力均衡互补”等原则，相对科学合理地进行班级教育小组的组建。

(2) 营造氛围，彰显特色。

学校特别安排核心成员集中办公，打破学科之分，力求相对集中。办公室张贴《班级教育小组工作制度》《班级教育小组重点成员一览》《班级教育小组核心成员职责》。为了营造班级的特色文化氛围，我们在教室外张贴个性化班牌，内容包括：个性化名称、班级目标、班级成员集体合影以及核心成员寄语等。

(3) 过程落实，创新机制。

① “值周班主任”制度，明确职能。

我校经过前期调研，发现将“值日班主任”改为“值周班主任”，更有利于除组长外，其他核心成员对班级管理的深度介入。因此，我校尝试推行“值周班主任”的分工制度。要求在班级讲台显著位置摆放“值周班主任”岗位牌，标注姓名、办公室、联系电话等具体信息，保证学生在第一时间能和值周班主任联系，进行班级情况的汇报和交流。学校制定《值周班主任工作职责》，以时间为序，就晨间管理、课堂学习、课间活动、午会教育、就餐礼仪、放学规范等班务，对值周班主任提

出具体要求和规范。值周班主任应按要求填写《值周班主任工作录》，记录本周班级发生的重要事件、处理办法、持续关注点及值周感悟等，在核心成员中进行传阅记载。这利于班级第一责任人对班级情况的把握，更利于核心成员互相学习班级管理方面的经验。

② “三会”制度，加强沟通。

学校严格执行“日碰头、周例会、月分析[①]”制度，一方面加大行政人员对蹲点年级的巡视力度，另一方面重视周、月会议的考勤和实效。尤其是月分析会，核心成员须提前思考，写好分析稿，参加会议研讨，共同分析近期工作的问题及原因，找出解决办法，协商处理。

③ 开窗机制，传播经验。

学校借助“智慧论坛”这个校本研训平台，每学期定时打开“班改”这扇窗，定好一个年级或重点话题，让班级教育小组成员在全校范围内交流和展示班级教育经验，如集体智慧典型案例、牵手故事、心育亮点等，传递教育正能量，同时接受全体教师的点评和指导，客观接受“班级管理”多元观点的碰撞，彰显“和而不同”的“和谐”内涵，在校园内营造以“生本教育观”为核心的和谐教育氛围。课题组老师也不断深入各个班级教育小组集体，探察班级教育工作中的现实需求。2015年以来，我们分别针对班级管理的“去细节化”现象，组织开展了“做好小事成大事”主题活动，让大家谈谈自己是如何发现身边小事，做好身边小事，共同推进班集体建设的。我们针对牵手工作的“无作为、少作为”现象，组织开展了“牵你的手，我们一起走”主题活动。活动准备阶段，德育处不仅要遴选典型案例，还要选派“观察团老师”进行现场提问，问题的针对性和普适性也经过不断地推敲打磨，以期实现培训的意义。例如：在本学期刚刚结束的“牵你的手，我们一起走——第六期班级教育小组为您‘开窗’”活动中，“星星的孩子”“像农夫一样去耕种”等媒体式案例宣讲，让我们在很多动人的牵手小故事中深刻感受到教书就是育人，工作就是奉献，身边有爱，校园传情。

① 本校沿用了南外仙林分校的“三会”制度，将“月诊断”名称改为“月分析”，旨在让班级教育小组成员对班级及学生进行现状分析，在策略与行动上形成统一意见，并付诸实施。

④ 全员参与，创新评价。

班级教育体制改革的不断推进，不仅让班级内的各种教育关系得到融合、教育力得到发展，更促生了学校“新三好生”——“小学生素质发展智·能 4A 认证”体系的构建。

认证内容	认证维度	认证依据	认证责任人(部门)
十佳学童认证	以活动为载体，定向于学生基本素养的初步形成	“穆源学堂十佳学童”评选	德育处、教导处、总务处、班级教育小组
学业水平认证	以课堂学习和探究实践活动为载体，定向于学生的学业水平	期末各项学业水平测试	教导处、综合学科组、班级教育小组
体质健康认证	以课堂学习和体育活动为载体，定向于学生体质健康水平	平时表现和期末“体能测试水平”	教导处、体育组
兴趣特长认证	以课外(社团、少年宫等)兴趣培养为载体，定向于学生特长的专业认证或展示	特长考级、特长展示或参赛成果	班级教育小组、家长

上述评价体系的构建与实施，需要的是班级教育小组这样的教育团队的全程介入和全面参与。可以这么说，和谐的班级教育小组建设，是我校推进新型“三好学生”评价制度的基础与保障。而新型评价制度的实施，又推动了班级教育小组成员教育责任心与教育力的普遍提升，实现了“师生双赢”。

⑤ 家长课堂，和谐共育。

学校积极挖掘并运用班级教育小组重要成员中家长代表的教育资源。首先，常规性邀请家长代表参加班级教育小组成员联席会议，与核心成员一起谋划本班的班级教育工作。其次，打开校门，欢迎家长来校参加“家长课堂”活动，让家长们走上讲台，为学生们讲课，如“巧手妈妈教我做”“队列训练”等。清明节，家长与孩子们共同祭扫革命先烈，为孩子们介绍自己儿时心目中的小英雄；元宵节、端午节、中秋节，家长们走向讲台，为孩子们讲解民风民俗，与孩子们一起包汤圆、包粽子、品月饼，共度佳节……

(4) 以人为本，细化考核。

学校制定了《穆源民族学校班级教育小组评价与考核细则》。德育处进行分层考核，以“周反馈”为基础，细致进行月考核，对各项班级教育工作中表现突出的老师进行“表扬”或“加分”，对表现不好或严重违规的予以“批评”或“减分”。每月的考核情况在教师会议上通报，并于校园网公示。学期考核以“月考核”为基础进行统计，并在教师会议上进行民意测评，评选学期“优秀班级教育小组组长”“优秀班级教育小组组员”。这样的考核办法尊重平时，累计积分，实事求是。

经过一段时间的摸索，2015 年 3 月起，学校开始尝试运行“刚性制度”下的“精细化”人文管理模式。德育处加强班级教育工作的动态测评。以时为序，每日晨间的班级管理、午后的“养正微课堂”、放学的“路队管理”，都进行不定期、不定年级的抽查，抽查结果及时通过校信通予以公示。对表现突出者予以褒奖，对行动滞后或不符合要求者予以温馨提示。反复不断的测评与公示，进一步提高了班级教育小组老师的责任意识，促进了班级教育小组成员之间的及时交流与补位。

（四）我们的反思及今后的努力方向

1. 班级教育管理力因“职能定位”而失衡

目前，学校对班级教育小组工作的考核与评价工作主要由德育处承担，然而在研究中，我们发现，因为惯有的“职能定位”，德育处的考评在内容上面还不能全面覆盖学校工作的方方面面。这就造成德育处在班级教育工作中的管理力较强，而其他部门却经常作壁上观，或无处使力。

2. 教师教育力因“学科划分”而失衡

很多常识技能课教师在班级教育工作中发现，由于不是主科教师，没有学生的成绩评定做杠杆，家长、学生对于常识技能课教师的教育缺乏正确认识。自己的教育力与影响同主课教师比起来，悬殊较大，这种现象的出现，一定程度上影响了他们教育主动性的发挥。

针对上述现象，今后学校将进一步统筹运作，考虑架构“班级教育小组背景下的全员考核体系”，同时，给予“非主科”班级教育小组成员更多元的教育活动范围，提升其教育力。

两年多以来，我们在学习中构想，在实践中反思，在这场改革中，我们从困惑走向坚定，从批判走向建设，一路前行，一路收获。今后，我们将继续秉承“理论指导实践”“工作即研究”的态度，将课题研究作为我校班级教育改革的提升力、生长点，和谐共生、团结共进，逐步形成学校、家庭“全员育人”的德育氛围，促进学生的全面发展。

附录 1

穆源民族学校“班级教育小组核心成员”评价制度（讨论稿）

一、指导思想

为了深入推进德育改革，落实“全程育人、全员育人、全面育人”的改革宗旨，全面提升学校的教育教学水平，特拟定此制度。

二、评价原则

尊重规律、关注校情、以人为本、以德为先；

注重实绩、激励先进、客观公正、简便易行。

三、评价项目

“班级教育小组工作绩效”不低于总绩效的 40%，项目包括班级教育实务、协同合作、重大活动等，一部分与捆绑式考核挂钩，一部分与个人考核挂钩，全年按 10 个月考核结算。

四、评价办法

学校将依据实际情况，建立三级考评体系，即“学生考评”(20%)—“年级领导小组测评”(30%)—“学校领导小组测评”(50%)，采用积分制，每月计分，满分 10 分，全年按 10 个月算，满分 100 分。

1. 学生、家长评价。由年级领导小组组织安排，每月一次，以定员访谈和集中座谈（问卷）为主。可以是学生（家长）代表，也可以是全班学生（家长）来对本班的班级教育小组成员进行民主满意度测评，总分为 2 分。

以参加测评人数进行计算，满意度达到 80%及以上者，计 2 分；低于 80%，达到或高于 70%者，得 1.5 分；低于 70%，达到或高于 60%者，计 1 分；低于 60%者，不计分。

2. 年级小组评价。由年级领导小组组织安排，每月一次，以平时班级教育工作的常规测评为主，共四项，总分 3 分。

评价内容及方法：

(1) 支持与合作(捆绑评价)，1分。班级教育小组成员能愉快合作，遇到班级管理中的“壁垒”，不袖手旁观，及时扬己之长，在班级管理(目标制订、具体操作)中，能提出合理化建议，创造性地开展工作，并获得良好效果，计0.5分。班级无学期目标，班级教育小组成员在班级管理中没有合作意识，相互孤立，致使学生、家长在班级教育活动中的参与度不高，班级管理整体水平滞后于同年级其他班级，不计分。

(2) 班级常规评比(捆绑评价)，1分。以学校“文明行为示范班级”评比为依据，以一月四周计算，得到一次流动红旗的班级，每位班级教育小组成员均计0.25分，以此类推，满分1分。

(3) 师生牵手情况(个人评价，平时与学期捆绑)，0.5分。按计划执行的师生牵手情况：a. 牵手学生在班级教育小组相关成员的指导下，心理、思想及学业水平、态度上都有明显改观和进步(注：牵手学生平时的学业态度与学期学业水平测试情况捆绑，作为主要衡量标准。牵手学生优秀率达到牵手数的25%，良好率达到50%，合格率达到100%。思想方面，遵守校规、尊重老师、关心集体、友爱同学，视为达标)；b. 能对牵手学生进行针对性地“入户家访”，家访率达到50%以上。按上所述，牵手学生不达标(有严重错误，造成较大负面影响)或未完成“入户家访”指标，计0.5分。两者均未达到，不计分。

(4) 认真落实“三会”(个人评价)，0.5分。班级教育小组成员认真履行“日碰头、周例会、月分析”制度，按时出席，认真记录，针对班级实际情况及学生个案，能有自己的建设性意见，并投入实践，有计划、有落实、有结果，计0.5分。除此，“三会”执行时间中，有1—2次无故缺席者，计0.2分。以上均未达标者，不计分。

3. 学校测评。由学校班级教育领导小组组织安排，每月一次，共五项，每项1分，总分5分。

评价内容及方法：

(1) 值周班主任(个人评价)，计1分。班级教育小组成员在履行值周班主任职责期间，能协助组长(原班主任)进行班级的常规管理工作，如晨间管理、班级和保洁区卫生、各种教育课、家长来访接待、班级突发事件的当场应对和处理、个别学生的思想教育、认真记录值周手册等。按要求较好地组织完成各项活动，计1分。如发生无故不配合、在场不作为，造成不良影响者，不计分。

(2) 班会组织和设计(个人评价)，计1分。每位班级教育小组成员按照计划，定期在班级开展班会课，内容充实有教育性，形式多样有感召力。如无组织，效果不明显，计 0.5 分；如无故或因私不执行班会(综合)计划，达到 2 次者，不计分。

(3)“十佳学童”活动指导(捆绑评价)，1 分。以班级学生参加全年计划内的“十佳学童评比活动”效果为依据，每项 0.1 分，总分 1 分。凡能积极组织学生认真参加各项评比活动，并能在活动中展示良好精神面貌及特长的班级(每项评比班级获章率达到 50%为达标，计 0.1 分，不达标者，不计分。)

(4)《班级教育小组工作手册》完成情况(个人评价)，1 分。认真完成学校发放的《班级教育小组工作手册》，要求按时完成、记录详细、字迹工整、有经验总结和反思。有大面积破损或涂改现象，计 0.5 分；无故不按时完成或抄袭现象，不计分。

(5) 其他工作(捆绑评价)，1 分。班级教育小组核心成员能认真履行班级教育职责，积极参与并按时完成学校布置的以班级为单位的各项主题活动及教育活动，如大扫除、班级文化布置、校运动会、社团活动等。如能有条不紊地组织并较好完成工作，计 0.5 分；如能在各项活动中，获得优胜(集体类)，计 1 分；如无故不完成或延时完成，完成效果较差的，不计分。

附录 2

润州区中小学班级发展性考核表(试行稿)

班级______　　班级教育小组组长______　　班级教育小组成员______

<table>
<tr><td>班级现状分析</td><td colspan="2"></td></tr>
<tr><td rowspan="6">班级发展目标</td><td>具体目标</td><td>达成情况</td></tr>
<tr><td>(审核部门：　　)</td><td>(审核部门：　　)</td></tr>
<tr><td></td><td></td></tr>
<tr><td></td><td></td></tr>
<tr><td></td><td></td></tr>
<tr><td></td><td></td></tr>
</table>

续表

	项目	评价要素	分值	达成情况	上学期得分	本学期得分	部门审核
班级常规发展	常规管理（40分）	1. 行为习惯良好：学生有良好习惯，班级在校园常规评比中，屡获流动红旗。每获得一次加3分，不超过8分。	8				德育处
		2. 乐于志愿服务：班级学生懂得志愿服务的内涵，积极做好班级、校级志愿服务。热心公益，主动参与社会志愿服务。	6				
		3. 承担常规任务：班级积极承担学校集体晨会、广播组稿与主持等常规任务，取得较好效果。	6				
		4. 班级布置温馨：所属班级在黑板报评比中多次获得“优胜班级”；班级其他文化布置符合学生实际，特色鲜明，美观和谐。每获得一次优胜加2分，不超过6分。	6				
		5. 落实德育课程：各班及时组织学生参与集体晨会，坚持上好午会、班队会等德育课，充分发挥德育课的育人功能。一次组织不到位，扣1分。	8				
		6. 架起家校桥梁：发挥家长代表的教育功能，积极开展“家长资源进课堂”等活动。如家校关系等建设薄弱，当月有家长举报，经查属实，一次扣1分，活动不开展一次扣1分。	6				

续表

	项目	评价要素	分值	达成情况	上学期得分	本学期得分	部门审核
班级常规发展	学业发展（20分）	1. 班级文化学科期末考试总体成绩的发展态势上升得10分，保持得8分，下滑根据程度酌情得2—6分。	10				教导处
		2. 班级学生综合技能学科各科合格率均达标（98.5%）得10分；1—2门学科合格率不达标得8分；3门以上学科合格率不达标得2—6分。	10				
	体能达标（10分）	1. 坚持参加每天阳光一小时运动。	2				体育组
		2. 学生体质测试合格率90%以上，优秀率10%以上得8分。合格率每下降10%扣2分，优秀率每下降3%扣2分。	8				
	活动参与（30分）	1. 班级积极参与校园艺术节、体育节、读书节、科技节、传统节日等活动，一次不参加扣2分。	10				德育处
		2. 班级团体或学生个体在各级各类比赛中获奖，按团体和学生个人分别计算。团体获校、区、市、省级奖分别得2、3、4、5分；学生个体获校、区、市、省级奖分别得1、2、3、4分。最高不超过10分。	10				

续表

	项目	评价要素	分值	达成情况	上学期得分	本学期得分	部门审核
班级常规发展	活动参与（30分）	3. 面对上级突击活动及任务能大局当前，认真组织；不能正常组织的，或无正当理由拒绝接受的，一次扣2分。	10				
班级特色培养	可结合班级教育小组团队的特长、班级社团建设或班级现状进行有意识培养。						
加分项目	承办加分	代表学校承担对外活动的班级，市级活动加5分，区级活动加3分；代表学校承担对外活动的学生、教师，所在班级按人次，每人每次加1分。最高不超过20分。	20				
	经验推广	所属班级的经验被各级推广的，校、区、市、省级分别加3、5、7、9分。最高不超过10分。	10				
总　分							

二、班级管理体制改革的教师实践

（一）人人皆导师，师生共成长——班级教育小组牵手工作的实践与反思*

如果说班级教育小组是指向学生教育的各种教育关系的整合和优化，那么班级教育小组牵手工作就是对学生个体健康成长的具体作用。在这样一种作用

* 本部分原作者为镇江市蒋乔小学校长张伟。

过程中，班级教育小组成员是动能，而效能就是学生个体的健康成长。

1. 时时有牵手，处处有教育

班级教育小组牵手工作的路径应当是具体可见的，其策略应当是有效可显的。因此，班级教育小组牵手工作必须要和日常的班级管理和教育活动密切结合，与平时的学生差别化、个性化的哺育紧密结合。

(1) 人人牵手班级工作，在班级管理中引导学生成长。

班级管理实质上是管理班级中的人——学生，而管理学生的过程恰恰是教育和发展学生的过程，这项工作做得越细致，学生受到的教育就越细致，他们的发展就会越全面。在只有一个班主任，面对一大摊子事务的情况下，想要达成这样细致、全面的教育可能大多“有心无力”。班级教育小组机制下，班级教育小组成员分别牵手班级的学生管理工作，使得细致、全面的学生教育成为现实。

我们通过德育、教务、总务各部门联合统筹班级管理项目，根据班级教育小组成员所长，将工作分配到相应的班级教育小组成员，具体组织和实施。牵手了班级工作，班级教育小组成员就有了教育学生的责任，也有了教育学生的载体，可以在具体的工作中发现具体学生的具体问题，实施具体的教育。比如，牵手学生卫生打扫工作的班级教育小组成员可以具体地教会学生打扫，具体地帮助学生养成劳动的自觉。班级教育小组成员分别牵手了班级各种各样的工作，各种各样的教育也就落到了实处，牵手教育在管理上也就收到了最实在的成效。

(2) 人人牵手学生活动，在教育活动中引导学生成长。

具体的活动会给学生具体的体验，它能给学生带来具体的成长。策划、设计、组织和实施好每一项教育活动，在班主任机制下大多是可望而不可即的，但班级教育小组机制很好地解决了这一问题。因为，班级教育小组成员分别牵手学生活动，一活动一导演，一活动一导师，让活动更精彩，让教育更生动。

我们在开学时就统筹安排好各类教育活动，数量不多但主题鲜明、综合全面，能够覆盖学生德性成长的主要方面。在开学不久就由各班级教育小组成员认领牵手，各人分别提前策划、设计，到时组织、实施。经过长期酝酿的活动，又由精力旺盛的牵手班级教育小组成员实施，那样的教育效果是可想而知的。在丰富生动的活动中，牵手老师的引导是具体的，牵手学生的体验是深刻的，牵手教育在活动中也就收到了最真切的成效。

（3）人人牵手学生哺育，在关心哺育中引导学生成长。

“一把钥匙开一把锁”，几十个学生可能就有几十种不同的教育方式，一个班主任要去解决好几十个学生个体具体的问题，那是不大可能的。然而，在班级教育小组机制下，把几十个学生分配给几个班级教育小组成员去哺育，在某种程度上就是增加了教育力。不同的学生能得到不同的牵手老师更加有针对性、具体而有效的哺育，能得到及时的关注，没有冷落，没有遗忘，这对每一个学生成长的作用都是莫大的。

为了实施好这项工作，我们在哺育牵手学生的过程中，特别重视了集中的反思和指导，每两周一次雷打不动地组织班级教育小组会议，基于班级教育小组成员的牵手实践，交流和研究有效的哺育路径和策略，尤其突出了学校顶层设计的深度思考和谋划，突出了班级教育小组中行政成员的示范力量和影响，从而促使学校班级教育小组成员的牵手哺育不断走向自觉，走向有效。我们逐步形成了“牵手哺育‘五步’曲”。第一步，即时观察、密切关注。对牵手学生的品行、心理状态即时捕捉，及时把握，让每一个学生被感、被知。第二步，岗位锻炼、培育品性。引导每一个牵手学生选择和参与岗位志愿服务，在岗位志愿活动中培育学生品质和能力。第三步，充分赏识、适当惩戒。给予学生良好表现与进步的充分欣赏与鼓励，同时对学生的错误予以必要和恰当地惩戒，让每一个学生有自信、知荣辱、担责任。第四步，沟通家长、指导家教。通过班级教育小组成员集中家访，深入家庭，交流思想，沟通方法，或融通或指导家庭教育。第五步，全面评价、激励进步。以“4＋X”金色少年评价考量牵手学生的各个方面，表扬学生一点一滴的进步，并予以认证和奖励，让每一个学生都阳光起来、闪光起来。哺育牵手学生的五步已经成了学校班级教育小组成员的共识，牵手教育在哺育中收到了最切实的成效。

2. 牵手有故事，师生共成长

2013 年下半年，全区推行了班级教育小组制度，牵手教育仍沿用“工作＋记录”的方式，但随着班改的深入，这种简单的“大事记、小日志”的记录方式逐步显现出了纯事务性倾向，简单而机械，不能很好地体现牵手教育的导师效能，制约了牵手教育的品质提升。同时，由于全面推开班级教育小组工作后，行政管理的工作量增加，难度加大，像试点阶段那样细细检查每一次牵手记录，一个个交流牵手教育情况已经变得很难，所以典型的牵手教育经验难以搜集和推广，甚至个别老师也会应付了事，不去真正作为。

恰巧，在班级教育管理工作中，我花了很大心思连续跟踪观察并记录下班级教育小组成员管理和教育的行为、现象，有好的，也有不足的。我以叙述描写的口吻把他们编成一连串故事，在班级教育小组工作会议上展示给大家看，读给大家听。这样一些有人物有情节的班级教育故事引起了教师的关注，似乎比讲任何道理更能触动教师，感动教师，启发教师。由此，我们得到一个启发：班级教育工作有故事，我们的牵手教育也有许许多多的故事，每一次用心的牵手教育都会留下温暖的足迹、感动的回忆，而每一个班级教育小组成员的牵手教育更有其独特的经验、独到的智慧，记下那些细节，写下那段感动，正好激励牵手教师。因此，我们想，要想使牵手教育走得更远，可以从牵手教育故事的搜集和撰写开始。

行动：

示范引领——

我校牵手教育故事的搜集和撰写活动从 2014 年正式施行。为了启动好这项工作，学校行政人员先带头写牵手教育故事。作为学校分管德育的副校长，我带头写了第一篇牵手教育故事《一个“犟”孩子的转变》，在班级教育小组会议上展示给大家看，读给大家听。对于故事里面的人和事，很多班级教育成员也都知道，因此，大家觉得亲切，也很有感触，觉得像这样把自己教育学生的真实故事写下来蛮有意思，也蛮有意义。同时，行政人员尤其是分管德育工作的校领导的示范鼓动力量是巨大的，老师们被带动着开始写自己的牵手教育故事。

自由撰写——

为了提高大家的积极性，支持大家更专注地写好自己的牵手教育故事，我们降低了写作的要求，只要真实，故事可长可短，不必追求文采，精创随笔都可以，同时淡化牵手教育记录的检查，不再增加无意义的负担。对教师完成上报牵手教育故事的时限也不做强行要求，开学就布置，到学期结束每人完成上报至少一篇牵手教育故事，每隔一段时间进行友情提醒。实在没有故事可以不写，但纳入个人考核，算没完成一次任务，不得参评优秀班级教育小组成员，并影响考核成绩，既体现人性化管理，也强调公正、公平。但是撰写的牵手教育故事必须是真实的，这是我们对牵手教育故事搜集和撰写的原则和底线。因此，我们会在班级教育小组会议上罗列和节选老师们的牵手教育故事展示给大家看，读给大家听。行政人员的牵手教育故事会挂在网上，作为分管领导的我写的牵手故事就是第一个被挂到网上的。

主题撰写——

到了 2014 年下半年，搜集和撰写牵手教育故事已经成了学校班级教育小组工作的常规。此时，我们启动了"主题式"牵手教育故事搜集和撰写活动，同时，扩大了撰写范围，可以围绕具体的牵手学生来写，也可以围绕具体的教育活动来写。一个学期一两个主题，如 2015 年上半年的"家长的作用和赏识的力量"，2015 年下半年的"走进学生心灵"。围绕一个主题搜集和撰写牵手教育故事可以达到某一个角度或层面教育的深入，也可以归纳不同教师同一教育的共性，分析同一教育不同教师的个性。比如"赏识的力量"，你会看到老师们"八仙过海，各显神通"的赏识方式；再比如"如何对待问题学生"，在宽容赏识的多数认同背景下，有老师提出了鞭策性惩罚，给人以新的视野。"主题式"牵手教育故事搜集和撰写打开了教育研究探索的新思路。

分享：

故事的魅力是巨大的，2015 年上半年，我们再次以"温暖的足迹，感动的记忆，智慧的分享"为主题举行了教师牵手教育故事交流会。我把老师们牵手故事中给人温暖、让人感动、启人智慧的片段截取连接在一起，展示给大家看，读给大家听，让大家静下心来互相感动，互为启发，享受着暖暖的感觉和教育的美好。其实，对于学生也好，对于教师也好，具体的一个人，具体的一件事，具体的一个情节给人的影响是最深的，它会给予人最生动的感受，最深刻的启发。牵手教育故事的撰写是一种唤醒、激励和鼓舞，它对教师的教育观念、教育方法和教育能力的影响、改变和提升都有着现实意义和深远影响。

撰写牵手教育故事既是管理的倒逼，也是教育的延续，更是对学生个体健康成长的深入关注。撰写故事的过程恰恰是班级教育小组成员自我觉醒的过程，因为只有用心做才会有生动的故事；也是班级教育小组成员自我提升的过程，因为撰写故事能明晰教育的视角，归集教育的经验，引发教育的反思；更是师生共同成长的过程，因为牵手故事生成教育的智慧、教育的资源，它能影响教师长期的牵手教育，促进教师教育的深层性延续，更能影响学生长线的牵手教育，促进学生个体持续的健康成长。

人人皆导师，师生共成长。班级教育小组牵手工作已经使得“成功学生，成就教师”变得越来越现实。

（二）班改之本，合力之源——核心成员育人艺术的提升*

困惑：有形缺神，形似神散

在班级管理体制改革的最初阶段，我们考虑了班主任制度改革的必然趋势，考虑了该以怎样的形式有效地取代。两年多的实践后，我们有了“教育小组”的形式，有了制度与考评作为保障，摸索并努力完善着一套属于自己的班级管理模式。然而，我们也迎来了新的挑战，越发意识到这项体制改革的形式变化只是第一步，随之而来的是如何真正提升这一形式的育人效率。

太多的困惑让我们停步：值日、值周制减轻班级教育小组组长工作量的同时，也忽略了对班级教育的全盘计划与长线落实，忽略了教育者的能力不均带来的消极作用，我们该如何弥补？没有学生的成绩评定做杠杆，家长、学生对常识技能学科教师的教育缺乏正确认识，影响了教育力的同时也影响了教师的教育主动性，我们要怎样改变？“捆绑考评”“末尾落选”等制度在为教育小组护航的

* 本部分原作者为镇江实验学校张慧。

同时，又一定程度上降低了对教师的要求，我们当如何激励？……形式的改变和制度的完善后，我们可喜地看到事情确实有人做了，但欠思考、欠力度、欠艺术，给人以一种有形缺神，形似神散的感觉。

思考：核心成员，合力之源

对现状分析，我们发现，历史磨炼了班主任，他们中的大多数转型成为班级教育小组组长。首先，多年的班主任工作培养了他们组织教育、师生沟通、家校沟通、建设班集体等能力，他们参与班级管理的能力是相对成熟的。其次看学生代表，一直以来，我们致力于学生干部的工作能力的提高，甚至思考学生的自主管理，引导学生的教育自觉，且学生社会化程度较低，单纯率真，他们较容易接受积极向上的正面引导。再看我们的家长代表，班主任制度背景下他们以家长委员会的形式存在，本身就发挥了作用。他们能认识到家校结合的真正受益者是自己的孩子和自己的家庭，因此也会竭尽所能地投入到班级教育工作中。

改革的起始，我们花大力气改变的是核心成员，他们的加入是“全员育人”的关键，是此次班改的根本。在强势推进过后，他们接受了班主任制度必须改革的现实，分配的工作也在完成着，但以怎样的情绪参与其中，以怎样的状态开展教育直接影响着班级管理的效率，影响着班级合力的形成。为此，我们努力提升核心成员的育人艺术。

尝试一：

培训：排山倒海式的冲击

几十年来，我们的任课教师习惯了课堂之外的、学科之外的教育与自己无关，这其实也是班主任制度的主要诟病之一。这对于当下的公办学校的一些教师来说，几乎是一种自我休眠，他们在休眠中排斥任务与责任的增加。再看这类教师的阵营，他们的人数在各所学校几乎都是班主任人数的数倍，他们中甚至有一部分曾因为工作热情与能力等因素从班主任岗位上退下过。所以，撼动大多数人利益和主观意识的这次班改需要排山倒海式的头脑风暴——高密度的培训。

第一轮培训中，我们以“改变意识”为中心目的，在灌输中唤醒他们的自我休眠，让他们知道“全员育人”是教育改革的必然，教人先育心是每一位教师的基本责任，每一位教师都应该参与到班级管理中去的。第二轮培训中，我们着眼于核心成员教育热情的唤醒，以沙龙研讨等形式在轻松的对话氛围中让大家畅所欲言，分享自己的情绪与困惑，说出自己的成绩与欣喜。第三轮培训中，我们对培训的形式和内容进行了思考，着重于班级管理有效方法的指导，将校内外优秀班级教育小组组长、核心成员代表的育人技巧带给大家，传递经验，引发思考。三轮培训实现了从“消极排斥”到“不得不接受”，再到“教育原来有如此学问”和“我也可以做好”的慢慢转变，统一了认识，明确了目标，提升了能力。

尝试二：

激励：归属感是一剂良药

从某种意义上来说，班级教育小组可以看作是介于正式组织和非正式组织之间的一种微型的工作团队。虽然，它也有组长和组员的所谓的上下级区别，但一味地，或者过多地用行政手段、制度约束核心成员肯定是不行的。我们在组建班级教育小组时需要最大程度地顾及大家的志向、爱好、能力结构、个性特点等因素，使教师获得最佳的心理环境，从而会不自觉地形成一种归属感。这种归属感满足了组员的心理需要，可以促进组员积极作用的发挥，甚至能大于考评制度所发挥的作用。

针对核心成员“我需要被认可”“我需要被接受”“我需要被欢迎”的心理需求，我们首先把家长会等公开活动的舞台让给核心成员，让家长更让核心成员觉得在班级教育中自己不再是被忽视了的、弱视了的；其次，我们在双向选择、自由建组的仪式上做文章，达到“我被选，我自豪”“我落选，我反思”的效果；随后，我们组织学生进行座谈式评价，开展先进事迹讲述等，用学生的口和笔激励核心成员，使其获得职业成就感和幸福感；最后，用捆绑考评约束核心成员，唤醒一种基本的“不能拖累别人”荣誉感。一系列的激励措施，使得核心成员主动地去学习，主动地去改变，从主观意识上把工作变成事业，把教育当成艺术去追求。

尝试三：

榜样：潜意识中是要好的

今天的教师队伍应该说是相对整齐的，多数是 70 后的师范生，他们正直、纯朴、敬业，无论工作业绩和能力怎样，他们在潜意识中是非常要好的。因此，用榜样影响核心成员育人艺术是可以发挥积极作用的。

一方面，我们开展师徒结对活动，聘请优秀班级教育小组组长做师父，手把手地教核心成员组织班级管理工作。另一方面，我们加大评优表彰的力度，对于优秀核心成员的表彰不仅通过网络呈现，更在全体教师中、在学生代表中宣传。再一方面，我们将核心成员推到经验交流的最前面，将他们的成功案例及经验以网络、讲座等形式介绍给大家，让大家暗暗形成一种相互学习、相互较劲的势头。

尝试四：

行动：能力提升需要载体

沟通与协调、规划与统整、决策与执行等是班级管理过程中必不可少的能力，一个优秀的教育者需要努力把它们提升为一门艺术。核心成员的这一门艺术仅局限于学习思考是打磨不出来的，更需要切实的行动实践。

首先，我们确保常规工作分工明确。为了避免值日、值周班主任可能存在的“短线教育”责任分散、谋划缺失，我们将卫生、环境布置、路队、集会等常规工作分工到人，一学期一调整，在长线管理中锻炼核心成员计划、组织、反馈等综合能力。

其次，我们用“特色文化月”活动，给予核心成员更多元的教育活动范围，尽展他们的风采。活动由核心成员根据自己的特长选定主题，借助“三会”讨论并制订系列主题班队会计划，设计形式与内容。活动中，核心成员可以很好地从自己的特长出发，组织学生感受特色文化，初步形成了班级特色，激发了学生的兴趣，丰富了学生的学习生活。同时，“特色文化月”主题活动的开展，也在无形之中提升了核心成员的育人艺术，帮助他们建立了与学生之间的积极情感，以及参与活动组织的自信心、成就感。

另外，我们把培养特长作为牵手学生的一个目的，鼓励核心成员牵手学生时根据双方的兴趣爱好选定对象，用兴趣做牵引，用爱好做语言，建立积极的情感，真正关注和促进每一位核心成员、每一位学生个体的成长。为此，我们设立特定的时间向家长展示成果，以提升核心成员的向上意识和职业幸福感。

最后，我们在重大活动中取长补短。如一年一度的体育节、艺术节、家长开放日等，这一类重大活动中，我们要求组长统一协调，核心成员全力配合。他们根据自己所长，更多地承担并完成了排练、服装布景设计等重要工作，在活动中锻炼能力，形成凝聚力。

核心成员参与班级管理是班级教育小组制度取代班主任负责制过程中最大的动作，也是影响班级管理效率的重大变数，更是我们学校推进班改的最大困难。因此，我们将继续致力于核心成员育人艺术的提升，更好地发挥全员育人的作用。

案例 1

镇江市南徐小学“幸福班级教育小组”的教师评价机制*

一、评价目的

我区实行了班级教育改革，班级教育小组组长和组员共同教育学生、共同学习、共同成长，以团队形式作战。这个班级教育团队的教育成效如何，班级教育小组成员的工作量，都是需要考核的。在这种背景之下，对“幸福班级教育小组”的教师如何评价，直接影响了班级教育工作的效率和效果。科学、合理的教师评价机制，有利于促进“幸福班级教育小组”的团结力、凝聚力，也有利于教师参与班级教育小组的积极性和创造性，提升教师的育人水平。

二、评价原则

1. 科学性原则。班级教育小组是个相对新的事物，如何进行教师评价并没有太多的参考依据。评价的科学性显得尤为重要，需要多方考量、论证，保证“幸福班级教育小组”的教师评价机制的科学性、合理性，利于促进老师们开展班级教育工作的积极性。

2. 全面性原则。既要有“幸福班级教育小组”的工作量的评价，也要有工作成效的评价；既要对“幸福班级教育小组”整体团队进行评价，也要对班级教育小组组长和组员进行分别评价；既要进行量化的评价，也要进行物化的成果展示评价。

---

* 本部分原作者为镇江市润州区南徐小学高燕。

3. 发展性原则。关注教师的动态发展需求，同时关注不同教师的发展需求，根据教师的发展定期调整评价制度和方案。评价与老师共同发展、共同进步，有利于评价更加科学、合理，促进班级教育小组的发展，使其更有活力。

4. 多元性原则。评价的多元性是考虑到各个班级的现状不同，班级教育小组成员的构成不同，师生的需求不同等因素。多元性的评价包括教师自评、互评，学校德育处评价，家长、学生共同参与评价。评价方法、途径多样化，把过程性评价与终结性评价相结合，定性评价与定量评价相结合。多角度、多维度，在学校总体评价的基础上，根据自身情况制定发展性评价标准。方便操作、利于发展、促进积极性，都是评价时需要考虑的因素。

三、评价方式

1. 教师自评。结合学校制定的“幸福”班级教育小组核心成员的任务清单，教师进行自我评价，对照标准量化评价，同时进行自我小结和反思，自觉认识自我优势与不足，客观分析与评价，以发展为目标，促进自我育人水平的提升。

2. 同事互评。结合学校制定的“幸福”班级教育小组核心成员的任务清单，本班级教育小组成员之间就履职情况、教育成效等方面进行评价，客观、全面，以发展的眼光进行评价，团结合作，共同成长。

3. 学生评价。学生对本班所有班级教育小组成员进行评价，评价前须清楚评价内容和规则。鼓励学生说实话，通过谈心谈话、问卷访谈等方式，评价教师的工作在学生心目中的认可度，综合考量教师工作的实效性。

4. 家长评价。与学生评价相似，方式可略有不同。平时定期的电话访问，以及因为家长不信任、教师工作方式不合适等产生的举报，都纳入家长对教师的评价体系。

5. 学校评价。根据任务清单，依据平时工作量、工作成效等多方面综合考量一个班级教育小组，以班级教育小组打包的形式体现在学校绩效考核方案中。以关怀的原则，发现教师的闪光点，鼓励教师进步，帮助教师成长。

附

（一）

“幸福班级教育小组”核心成员任务分工

作为班级教育小组的核心成员（组长、组员），必须始终把握班级建设的主攻方向，在班级制度建设、规划决策、计划制订与落实等工作中发挥主导作用。

1. 建立班级教育小组基本工作制度。

班级教育小组的基本工作制度主要由核心成员讨论制订。如确定班级教育小组“日碰头、周例会、月诊断”的基本操作规程与要求，“三项分工”的职责与注意事项等。这些制度对于全体教育小组成员转变角色，提高参与管理的意识与水平将大有帮助。

2. 建立和谐民主的团队文化。

核心成员自身要带头建设教育小组内部和谐民主的团队文化。

(1) 学会包容他人。

(2) 提高民主参与的意识与能力。

(3) 培养合作的习惯。

3. 确立组长的核心地位。

班级教育小组组长是班级教育小组的灵魂人物，承担着更重要的责任。全体核心成员在工作中，要有大局意识，共同努力，确立组长的核心地位。

(1) 组长自身要强化领导意识。

(2) 其他核心成员要多为组长出谋划策。

4. 在“三会”中发挥骨干作用。

5. 在“三项分工”中尽心尽责。

(二)

班级教育小组背景下的绩效考核方案(修改稿)

一、指导思想

为了深入推进德育改革，落实“全员育人、全程育人、全面育人”的改革宗旨，促进班级教育小组管理体制的健康发展，提升学校教育质量，全面实施素质教育，特制订本方案。

二、绩效考核基本原则

尊重规律、以人为本。

以德为先、注重实绩。

激励先进、促进发展。

客观公正、简便易行。

三、考核与奖励项目

1. 班级教育小组管理津贴

分基础性津贴与绩效性津贴，绩效性津贴中一部分与捆绑式考核挂钩，一部分与个人考核挂钩。各项津贴按全年10个月考核结算。

(1) 基础性津贴。

班级教育小组由三人组成的，组长每月350元，其他核心成员每月100元；

班级教育小组由两人组成的，组长每月400元，其他核心成员每月150元；

(2) 奖励性津贴。

根据班级教育小组的管理情况和教师教书育人的情况，按照每月400元/人进行发放。

2. 工作量津贴

根据规定，小学教育教学岗位满工作量标准为18—20课时/周。

将全部实际课时根据提供的标准折算成标准课时，各类兼职工作量化为标准课时，按照5元/课时发放。(年度工作量＝课时数＋代课课时数＋加班折算课时数－病事假折算课时数)

3. 其他岗位津贴

(1) 对教辅人员按照每月400元/人进行师德、安全卫生、后勤服务等考核。

(2) 对行政管理人员按照每月100元/人进行考核。

4. 业绩奖励

包括教学质量奖、教育教学成果奖、优秀个人和优秀团队奖、体艺竞赛成果奖、岗位管理成效奖。

5. 创建奖或慰问奖

由校级领导班子集体研究决定。

四、其他事项

1. 有下列严重违规行为之一者，年度考核不得定为合格以上等第。

(1) 不服从分工、不履行教育教学职责者；

(2) 从事有偿家教者，歧视、侮辱、体罚和变相体罚学生者；

(3) 教育教学活动工作不到位，造成较严重安全事故者；

(4) 以非法方式表达诉求，干扰正常教育教学秩序、损害学生利益者；

(5) 有其他违法行为者。

2. 长病假人员年度慰问费：长病假人员原则上按考核办法执行，基础性绩效工资的职岗津贴按国家规定的长病假计算。从人性化角度出发，奖励性绩效工资由学校按全校奖励性绩效工资平均数的50%酌情发放，退养的按全校奖励性绩效工资平均数的50%发放。

3. 行政人员承担着重要的管理责任，由考核组考核其职责履行情况。行政人员各项奖励总量按规定控制在奖励性绩效工资总额的7%。

五、说明

1. 原绩效方案自本绩效方案经教代表会讨论通过、正式实施之日起废止。

2. 本绩效方案解释权在校长室。

3. 如本绩效方案与上级有关文件相抵触，以上级文件为准。如遇国家政策调整，本方案作相应调整并提请教代会讨论通过。未作调整前按本方案处理。

4. 未尽事宜，先由学校行政会议研究决定，并提请下次教代会讨论通过。

案例2

植根自身，做校本的思考与实践*

——写于"阳光教育小组"试点一学期之际

从班改的前期准备到年级试点，作为学校试点工作的负责人，在借鉴学习的基础上对校情进行了分析：学校管理体制改革的根本在于人事制度和分配制度的改革，作为民办学校的南外仙林分校（班级管理体制改革的示范学校）具有人事、分配、资金自主的优势，而我校制度改革中不具备这样的优势，同时这也是我们最大的掣肘。

因林林总总的差异，我带着老师们多方征集意见、推断并逐步以实践论证：试点的班级管理体制改革，可以借鉴南外仙林分校的经验，但必须植根我校实际，做校本的思考与实践。为此，我校紧密结合办学特色，以"阳光教育"为班级管理改革的出发点和目标，打造班级"阳光教育小组"管理模式，努力形成校本经验，以进一步推广班改。

思考一：搭建"3、4、5"班级"阳光教育小组"运行模式

经过多方论证，我们将该次班级管理体制改革的根本目的定位于以增强学校内部活力、提高办学效益为目的，以人事制度、分配制度改革为突破口，对学校诸要素的思想原则、组织机构、重要制度等方面陈旧的部分加以革新。分析校情，原有班主任制度的突出矛盾在于过多的烦琐事务由班主任承担。主客观压力大到使班主任们由最初的"兢兢业业"到后来的"疲于应付"，身心俱疲之际，艺

---

* 本部分原作者为镇江实验学校张慧。

术地育人更无从谈起。因此，该次改革需真正实现的是全员育人，调整分工，分担班主任的身心压力，幸福教师。

实践一：

1. 改“1＋X”为“3＋X”

南外仙林分校“1＋X”中的“1”是组长，“X”由任课老师、家长代表、学生代表组成，无形中还是将组长与任课老师割裂，与我们原有正副班主任、家长委员会、班队干部组合几乎无本质区别，有其不够完善的地方。我校班级阳光教育小组组建实行“3＋X”模式，即3名任课教师组成核心小组，其中一名任组长。学校对班级工作的管理、评价均以“三人行”团队为单位，实行三位一体，以小团队的情感、舆论压力和评价等方面的作用调动组员工作的积极性。

2. 改“发展学生”为“阳光师生”的工作目的，实现“4＋one”

“4”中的第一为建设和谐班集体，努力让每一位学生拥有自信、乐观、向上的阳光心态和勇敢、诚信、宽容的阳光品质。第二，建设特色班集体，努力让每一位学生在班级文化的感染下成长为有所长的阳光少年。第三，促进学业的进步，努力让每一位学生学会学习、努力学习、享受学习。第四，促进资源的整合，努力整合优化学科教师、家校、社会等优秀教育资源，扩展教育的空间。本学期，我们在三年级、五年级两个试点年级分别成立小课题组，对第二、第四两个目的进行了逐个突破，在下面的介绍中将具体阐述。

“One”指促进合作小组教师的成长，发挥所长、发展自我，努力成就阳光人生。

3. 创新5个分工模式，实现n次方的作用空间

第一，结合校情，改常规管理值日制分工为包干制分工。如保洁区、放学路队、特色活动组织、环境布置等的包干，既分担了组长的烦琐工作，又强化了核心成员的角色意识，更方便学校、年级部的管理与评价。考虑到班级管理是一项长线工作，不可能以时间节点划分，考虑到学校工作中个别教师的不作为往往是影响教师团队积极性的重要因素，为避免不作为教师的扯皮，我校以“包干”代替“值日”，很好地制约了个别不作为的教师，以制度初步推进了全员育人。

第二是文化建设擅长制分工模式。如班级墙面文化、艺术节、特色活动等纳入包干分工，由核心成员根据自己的兴趣爱好选择承担。

第三是学业管理牵手制分工模式。我校主要学科教师对于学业牵手已成为不自觉。本学期，技能学科教师的学业牵手对于学生的特长培养起到了积极的

作用，并初现成效，如艺术节、童谣节中的小报制作与才艺选拔等比赛中，有艺术教师牵手的学生所呈现的表演、作品明显优于其他同学。下一阶段，我们将努力让这一现象如学科教师牵手一般，成为一种不自觉。

第四是重大活动协作制分工模式。如最近的艺术节，试点年级从节目策划、排练、化妆等各环节都有核心成员的全力协作，试点年级的组长较非试点年级的班主任轻松了许多。

第五是诊断反馈全员制分工模式。指以“日碰头”“周例会”“月诊断”三种形式，实现教师与学生定期交流、家长与学生定期沟通、教师与家长定期研讨、教育小组成员定期进行工作诊断。小组核心成员每天进行至少一次的工作交流，及时解决遇到的问题。每周(或两周)召开一次例会，可以要求部分重要成员参加，对本周的工作进行总结反思，对下周的工作进行布置、安排。每月召开一次“月诊断”会议，全体教育小组成员(学生代表除外)参加，对班级一个月的工作进行全面分析总结，特别是对班级部分学生个体进行全面分析诊断，找出问题所在，提出解决方案。

思考二：影响小组活力的决定因素——核心成员的育人意识

解决原有班主任制度的突出问题，以全员育人的形式分担烦琐事务、缓解身心压力。我校将核心成员的意识转变作为实现全员育人的关键，尝试逐步实现。

实践二：

1. 培训

(1) 培训组长，提升凝聚力。

“阳光教育小组”是介于正式与非正式之间的小团队，仅靠行政命令，是难以发挥其真正作用的。因此，组长的凝聚力几乎关系着“阳光教育小组”的作战能力。于是，我校把培训的重点放在“组长魅力”上，以提升组长的工作能力、完善组长的人格魅力。

(2) 培训核心成员，提升突破力。

一直以来，受班主任制的负面影响，核心成员的育人意识薄弱，经过两个学期的努力，虽已经获得了一定改观，但其主动性和自觉性仍旧有待激发，工作能力和工作技巧仍旧需要培养和传授。因此，我校把培训的重点放在核心成员工作激情的唤醒和育人艺术的培养上。

(3) 培训学生代表，提升自主性。

把培训的目光放在学生志愿者的培训上，教给学生一些服务于班级、服务于同学的切实可行的方法，以激发学生参与班级管理的热情，从而提升学生的责任感，锻炼学生多方面的能力，这是我校的又一成功尝试。

2. 小课题——“特色文化月”创新模式的构建

为强化核心成员的育人意识，发挥他们的学科之长，丰富学生的兴趣，挖掘学生的潜能，形成班级文化的特色，学校将这一工作作为班级管理体制改革的重点、难点来对待，成立攻关项目组，在五年级试点，商讨、策划并组织推进了“班级特色文化月”主题教育活动。如“音乐相随，铺就幸福人生路”“走进音乐殿堂，感受七彩人生”“拥抱自然——手工制作”“数字游戏，快乐思维”“我运动，我健康，我快乐”。

3. 分享

为强化核心成员的育人意识，借助学校德育特色平台“幸福的支点”教育沙龙活动，以“我和孩子们的故事”为话题，组织核心成员回忆整理自己参与班级教育管理工作的点滴，进行案例撰写和举行“说故事”现场分享活动。在分享中明确角色、积累经验、感受幸福。同时评选优秀案例为下学期的全面推广作准备。

思考三：影响教育效益的重要因素——家长团队的参与

“X”中的重要组成是家长，这一教育资源的巧妙运用对教育效益的提高和师生活力的激发有着重要的作用。

实践三：

我们在三年级试点，寻求家长资源运用的实践研究，对小组内家长成员的选定、分工等进行了研究和经验总结。以QQ、校信通、家长会、问卷等形式实现了培训、统一思想、铺垫意识、全力合作。

试点年级教师设计的问卷（部分内容）如下：

您好！

很高兴告诉大家，从本学期开始，我们年级将实行班级教育小组改革，家长朋友可以协助老师一起管理班级。所以，从今往后您和我将成为孩子教育的合伙人。为了让孩子拥有更美好的学习时光及更多元化的学习，您是否愿意与孩子一起分享您的才华与爱心呢？在此，我们设计了一份调查问卷，竭诚欢迎您参与问卷调查，更感谢您的支持。

1. 您的专长是______________________________。

您可支援之教学活动属于下面哪一类？（在下面□中打“√”，下同）

□语文　□数学　□自然科学　□社会　□美劳
□专题讲座　□音乐　□其他
2. 您可协助哪些班级活动？（可复选）
□布置教室　□教具制作　□整理书柜中的书籍　□板报制作
□电脑打字　□影印服务　□协助杂物处理　□购买物品
3. 您可提供给班级共享的资源有哪些？
□儿童读物等书籍　□益智类玩具
□与教学有关的图片或者资料，如小动物、水果、花和树等
□玩偶、头饰、小奖品　□教室装饰物品　□其他
4. 当班级有活动需要您的支持时，哪一时段较适合？
□可随时支援　□周六　□周日　□假日均可
……

另外，我们对家长进课堂的活动进行了大胆的尝试，努力丰富并形成特色"阳光娃"大课堂的课程资源。如：端午节，爷爷奶奶们手把手地教孩子们包粽子；艺术节，孩子们跟着戏曲发烧友家长像模像样地唱上两句；明媚的春天，家长走进课堂教会孩子认识各色的野菜……

"阳光教育小组"这一班级管理模式在我校的提出与试点，正悄无声息地改变着我校近十年班主任队伍没有新鲜血液补充的"经验化运作"带来的"一潭死水"现状，改变着我校班主任队伍在烦琐、高强度、高压力、高情感付出的工作中出现的职业倦怠，让来自于学科教师、家长、学生等的教育资源的整合得到制度的保障，让"多元""灵动"冲击着"单一""凝滞"。基于这些可喜的变化，我将继续带着老师们奋斗在这充满希望的沃土上。

第四章

重构教育关系：班级管理体制改革的理论解读

班级管理体制改革通过改变班级教育关系，成为撬动基础教育改革的重要杠杆，进而引发了基础教育管理体制的深刻变革。作为一项基层的创新实践，其蕴含着丰富的实践智慧和理论资源。在发现、总结、提炼班级管理体制改革这一新的实践形态基础上，齐学红教授于2015年提出构建班主任专业化社会支持系统的理论命题：从学校内部系统、外部系统、专业支持系统等诸多方面，搭建班主任专业成长的社会支持体系，进而营造一个全面育人的文化生态与环境氛围。

01

教育家办学的典范

——走进南外仙林分校，走近钱铁锋校长*

走进南外仙林分校，在了解这所学校正在进行的班级管理体制改革的同时，我认识了钱铁锋校长，并深入走近了这位年过半百的教育家的教育人生：他当初放弃了公办学校的优越条件，以已近退休的年龄被返聘到这所民办学校。这样的人生经历本身就具有传奇性和挑战性。他的传奇人生如磁石般吸引着我，从此，我与南外仙林分校、与钱校长结下了不解之缘。

我与钱校长之间可谓忘年之交。我们的缘分源于我们心中对于教育理想和信念的执着追求。在近十年的时间里，我从一介书生的“不闻窗外事、只读圣贤书”，到零距离地感受与体会一所民办学校在基础教育改革中的现实境遇与理想坚守，感触很多。对我来说，这里既是一个检验教育理论的试验田，也是一个不断创生教育理论的富矿。在我心中，南外仙林分校与钱铁锋校长已成为一个密不可分的整体。带着好奇以及充满挑战的喜悦心情走进这所年轻而又充满活力的学校，在这里发现教育的本真，体悟一位有理想、有抱负、有情怀的校长，在现实生活的矛盾冲突中如何坚守自己的教育理想和信念，如学校门口的校训石“顺

---

* 本部分原文为齐学红为《钱铁锋教育文集》(南京师范大学出版社 2017 年出版)所作的序，有个别改动。

其自然”般坚如磐石。可以说，我是南外仙林分校班级管理体制改革的亲历者。从学校申报南京市教育科学规划课题的论证会，到参加南京市教育局在这里举办的教育改革现场会，我都作为专家对此项改革做点评；从班主任研究中心在该校举办的全省班级管理体制改革研讨会，到受钱校长邀请带领研究生对班改现状进行的深入调研，以及对钱校长本人的生活史研究，都使我对钱校长的办学历程以及教育人生有了更为深入的了解。

可以说，我对于基础教育改革、班级管理体制改革的深入理解与思考是在这里发生的。南外仙林分校就像一本打开的大书，吸引我持续不断地走进这所学校，亲近这所学校，以至于把这所学校视为自己的学校和试验田，也在各种不同场合介绍和宣传这所学校的做法。在长期的接触和了解中，钱铁锋校长是“教育家办学的典范”这一观念在我心中逐渐清晰与凸显出来。而这样一个典范的作用，对于当下中国基础教育改革的启示意义无疑是巨大的。接下来，我对“教育家办学的典范”这一观念形象加以描述。

一、办教育不计个人得失：教育家的理想与信念

早在 20 世纪 90 年代，已担任南京外国语学校教学副校长的钱铁锋，积极推进教育教学改革，试图在公办学校体制下寻求更高的办学自主权，如课程决定权、人事权、财权等，但受现有教育体制的诸多限制，很多想法无法实现。适逢 1997 年苏州国际外语学校创办，为了实践自己的教育理想，钱校长放弃了公办学校优越的条件，以一种破釜沉舟的决心，顶住各方面的压力，以 50 岁的年龄受邀来到苏州。用了 4 年时间，他将最初只有 500 名学生的小学校发展到 3500 人的规模，取得了显著的办学效益，学校社会美誉度也不断提升。钱校长在这里积累了民办学校的办学经验，2001 年离开苏州国际外语学校，受邀到绍兴鲁迅外国语学校工作一年。2002 年正值事业发展的巅峰时期，钱校长应南京市教育局邀请，毅然放弃了优越的物质生活条件，回到南京参与创办了南京外国语学校仙林分校。在钱校长的几次办学经历中，在面临新的工作需要与个人利益的取舍之间，

他始终将教育事业放在第一重要的位置，义无反顾地放弃了安逸的生活条件和优厚的物质待遇。从钱校长身上，我们看到了那个时代的教育人对于教育理想的追求以及教育信念的力量。借用毛泽东在《纪念白求恩》一文中的话，“一个高尚的人，一个纯粹的人，一个有道德的人，一个脱离了低级趣味的人，一个有益于人民的人”。在我眼里，钱校长就是这样一位纯粹的人，极其简单而又不简单，朴实无华，绝不过分张扬。校如其人，南外仙林分校成为一个无横幅、无标语的干干净净的学习场所，不为外面世界的喧嚣所干扰。

二、教育力与教育关系命题的提出：教育家的思想

堪称教育家的人一定有自己的独立思想与判断，有自己对教育的系统思考，并形成自己的思想体系，更为重要的是有将理想付诸实现的能力。在当下中国社会，空头的理论家多，能够身体力行的实践家少，能够将二者有机结合起来的则少之又少，而钱校长在我认识的校长中是极为罕见的。我对钱校长的教育思想的了解首先是从他提出的教育力与教育关系这一理论命题开始的。这一理论命题将学校教育的诸多要素进行了重组，提出在教育力大致相同的情况下，教育关系对于学校发展的重要性。这一命题也贯穿了他教育思想的始终，而班级管理体制改革可谓这一理论思想的具体实践。原有的班主任负责制是建立在计划经济基础之上的，教书与育人、教学工作与德育工作的人为分开，因其管理的高效以及服务于升学的目的而一直被沿用至今。班主任负责制栖身下的条块分割的学校管理体制已经不能适应社会发展以及青少年身心发展的变化，势必要发生变革，而这样的变革是具有一定的前瞻性的。变班主任负责制为班级教育小组集体负责制，正是建立在重组教育关系这一理论命题基础上的。因为这项改革有着坚实的理论基础，所以才能坚定不移地走下去，并且取得了良好的育人效果和社会影响力。该项改革曾被国内多家教育媒体报道，我本人也曾多次撰文介绍此项改革。

三、对基础教育改革的全面思考：教育家的视野

当绝大多数中小学校长为上级下达的升学指标及各种评价指标孜孜以求、疲于奔命的时候，钱校长则基于对当前基础教育存在问题的全面诊断与深入思考，在民办学校相对宽松的制度环境下，大刀阔斧地进行了一系列的整体改革，这些改革集中体现为学校的“四项教育基本原则”和“三项中心工作”。“四项教育基本原则”是指，“面向全体学生”“发挥学生的主体作用”“有效率地教育”和“开放式教育”。“三项中心工作”包括“理想教育”“课堂教学改革”与“班级管理体制改革”，分别指向学校德育工作、教学工作与管理工作三大问题领域。其中，开展理想教育，取消“三好学生”评价，改为多元评价体系，坚持开展劳动教育与社会实践活动，重视科技教育和心理健康教育等举措，都是其中的亮点和特色。而这些改革举措都是指向全体学生的全面素质教育。坚定的教育信念，广阔的改革视野，使得南外仙林分校走出了一条特立独行的发展道路。

四、对民办学校发展之路的探索：教育家办学的启示

南外仙林分校之所以能够走出一条与众不同的发展道路，还在于它对民办学校发展规律的探索。民办学校有着更为宽松的制度环境与相对灵活的办学机制，当然也会面临公办学校不会有的特殊困难，如办学经费的筹措、优秀师资的匮乏、家长的教育需求等市场化运作带来的难题，而机遇与挑战往往是并存的。南外仙林分校能够在南京市乃至全国的民办学校中脱颖而出，在于它始终不渝地坚持对于教育规律的探索与追寻。从钱校长的办学之路来看，他对于南外仙林分校的意义在于，使民办学校的优势得以最大程度地发挥与实现。南外仙林分校的存在改变了当前基础教育的生态，为愈演愈烈的应试教育的雾霾天吹进了一股清风，也唤醒了一些同样有良知的教育人的改革热情。而有这样的学校有这样的校长，无疑是中国基础教育的一大幸事。

南外仙林分校逐项改革的成功经验已由南京师范大学出版社结集出版，《钱铁锋教育文集》更是汇集了钱校长教育思想的精华，其中闪烁着的思想火花和教育改革的实践智慧，值得广大教育理论工作者和中小学管理者学习借鉴。

02

从校长生活史透视学校变革

——一项口述史研究*

一、研究缘起

《中华人民共和国义务教育法》第二十六条规定，学校实行校长负责制。所谓校长负责制是指，校长是学校的法人代表，对内主持学校的全面工作，对外全权代表学校，拥有学校工作的决策权、指挥权、人事权和财务权。俗话说，“一个好校长就是一所好学校”，这得到人们的高度认可，它揭示了校长与学校发展之间息息相关的关系，特别是校长的个人因素更是直接影响和决定着学校的发展方向。那么，校长的办学思想与教育理念、领导风格与人格魅力等个人实践性知识是如何形成的，又是如何在学校发展中发挥作用的，这似乎都可以从校长的个人生活史中找到依据。

本文选取的研究个案——钱铁锋校长来自南京外国语学校仙林分校这样一所民办学校。民办学校的性质决定了在学校发展中具有决定性的影响作用的校长，与公办学校相比，拥有更大的办学自主权，进而成为“一个好校长就是一所学

* 本部分原文发表于《教育发展研究》2018 年第 6 期，作者齐学红，有删减和改动。

校”的典型案例。南京外国语学校仙林分校是南京市一所多种成分并存的股份制民办学校，是南京市政府为解决优质教育资源不足问题在办学体制上的创新之举。与同时创办的另外两所民办学校相比，钱校长的作用在于将民办学校的办学自主权这一优势加以充分发挥，集中体现为该校于2008年开始全面实施的班级管理体制改革。此项改革从班级这一学校教育教学的基本单位入手，变计划经济体制下的班主任负责制为班级教育小组集体负责制，由对学校内部教育关系的重组引发学校管理体制的全面改革，使人人都是教育工作者的观念从理想变为现实。钱铁锋校长正是这一改革蓝图的顶层设计者和直接推动者。因为学校管理体制改革涉及每个人的切身利益，相对于课堂教学的改革显得更为深刻，也更加艰难，非有一定的远见卓识难以为之，所以也就凸显了校长在学校发展中所具有的举足轻重的作用。这项改革可谓撬动基础教育管理体制改革的“阿基米德杠杆”，在当时产生了不小的震荡。为此，南京市教育局曾在这里举办过两次大的班级管理体制改革现场会，但很多公办学校校长指出，由于缺少相关政策的支持，难以实行这样的整体性改革，由此也可见钱校长在此项改革中的胆识和勇气。

在这项由学校自主实施与探索的改革实践中，校长们通常的思路是报喜不报忧，只呈现成绩，尽量回避困难与问题，而钱校长则希望借助专家或他者的眼光，帮助学校发现问题，体现了对教育改革认真负责的态度以及对于改革的高度自信。这是一项前期经过充分论证并在学校通过广泛的思想动员达成一定共识的整体规划与设计，而非校长个人的一时冲动。因此，此项改革虽困难重重，但却能坚持至今，并在实践中取得预期的改革成效。作为这项改革的见证人，笔者全面了解了此项改革的实施过程以及遇到的困难与阻力。对于这项改革的深入研究，在笔者的《在生活化的旗帜下：学校道德教育改革的社会学研究》[①]一书中有专章论述，这里不做赘述。

本文尝试从校长生活史的角度审视学校的改革，主要关注校长生活史与学

---

① 齐学红.在生活化的旗帜下：学校道德教育改革的社会学研究[M].桂林：广西师范大学出版社，2011：88-135.

校变革之间的内在关联。国内已有的口述史研究大多是对教育家的教育思想或教学流派的思想梳理，而从校长生活史的角度来研究学校改革的并不多见。本文选取一所处于基础教育管理体制改革前沿，并且走出一条属于自己发展道路的学校作为研究个案，从校长生活史的角度考察学校的改革历程，这对于反思我国当前基础教育管理体制改革具有一定的理论意义和现实意义。

二、口述史研究方法的具体运用

（一）口述史研究方法

所谓口述史研究方法，是以搜集和使用口头史料来研究历史的一种方法。它是由访谈者以笔录、录音等方式收集、整理口传记忆以及具有历史意义的观点的一种历史研究方式。生活史也称生命史，是指个体生活的经验历程，而当生活历程被概念化为一连串个人、行为、情境的互动顺序时，也就是一个人在生活过程中连续的事件与经验，以及这些事件相互影响的一连串个人状态与情境遭遇。20世纪中期以来，生活史开始应用于教育学特别是教师教育领域，通过访谈教师、传记等各种形式研究教师个体的生活经历对教师成长的意义。这种方法从生活事实出发，把真实生活淋漓尽致地展现出来。正如社会学家贝克尔所认为的，生活史方法更贴近人们脚下的大地，它并不在意那些附庸风雅的趣味，而着力于真实再现被研究者的经验，并解释他所生活的世界。①

将口述史和生活史相结合的口述史研究，第一步就是要去理解口述者的人生，从人生里看故事，从故事里看事件，再从事件里看历史。② 口述史与生活史的结合，在一定程度上就是将个体的生命历程放大为一个历史的整体，以此作为一个纵向线索；同时将历史事件作为一个横向线索，分析出不同的个人命运是如何交织在一起的。正是在这纵横之间，事件和人生、社会和个人被联系在了一起。

---

① 路书红.生活史研究对中外教育家研究的价值[J].教育发展研究，2011(24)：65－68.

② 张原.口述历史：社会生活的历史闪现[J].西南民族大学学报(人文社科版)，2008(5)：50－54.

由此，一种具有整体观的口述历史研究才有可能实现。口述史研究以其独特的研究视角、特有的个人性、使社会记忆成为可能等特质进入研究者的视野，其精彩之处在于，它能使我们从经验层面把握人们在面对社会变迁时所引发的世界观与心态的深刻变化。

基础教育改革作为一个社会事件，必然会给人们的日常生活世界带来一个新的世界图式，这一观念图式的转换又会以一种时空感的扩展与收缩方式体现于亲历者的叙述中。本文通过对钱铁锋校长生活史的考察，细致入微地呈现了钱校长在任职前后的人生经历，以及对学校变革产生的影响，并以钱校长人生经历中的“关键事件”为线索，概括出学校发展的关键节点，以及钱校长作为教育家办学所具有的个人品质及其思想形成的关键所在。

（二）研究过程

1. 研究对象的选择

对于口述史研究而言，研究对象的选择是最为关键的。“校长生活史与学校变革史”体现了研究对象与研究问题的高度契合性，也决定了钱校长成为此项研究最佳人选的必然性。

作为一所民办学校，南外仙林分校以其灵活的办学机制、鲜明的外语特色和高端的办学品质在南京市享有美誉，成为公众心目中的名校以及家长和学生向往的地方。应该说，这所学校的品牌创立与发展与钱铁锋校长密不可分。与其他两所同时创办的民办学校相比，南外仙林分校是一所主动寻求变革的学校。作为学校的创办人，钱铁锋自建校之初，就充分利用股份制学校的办学优势，不断推进学校教育教学的全面改革。在短短的十年时间里，南外仙林分校不断发展壮大，取得了巨大的成功，形成了独特的“南外仙林分校办学模式”，进而成为南京市民办学校的领头羊，引领着南京市民办学校的发展方向。

2. 研究工作的开展

在对学校的深入了解以及与钱校长长期合作建立起的相互信任关系基础

上，我把自己的研究意图告知钱校长，在得到他的积极肯定后，具体商定了访谈提纲、访谈技术（如是否使用录音、人名校名是否匿名处理等）和时间安排表。这项研究自2013年6月开始，我带领2013级四位硕士研究生对钱校长本人以及相关人员开展了为期一个月的集中访谈。钱校长在正常的学校工作之余，每周安排一个半天、每次3个小时的时间进行访谈，每次谈话均进行录音。按照访谈提纲的内容，钱校长进行讲述，并且回答我们的提问，访谈在轻松愉快的氛围中进行。所有录音资料由四位研究生负责整理，我与陆同学负责研究提纲的拟定。

此项研究主要以钱铁锋校长为研究对象，围绕"变革学校"这一主题，按照校长生活史和学校变革两条相互交织、相互印证的线索，围绕校长生活史、教育力和教育关系理论，民办学校人、财、物的运作，学校几项重大改革等几个专题进行了深入探讨。研究共分为三个阶段：集中访谈阶段（2013年5—6月）；访谈记录整理阶段（2013年7—9月）；访谈资料的补充完善与集中呈现（2013年9—12月）。

(1) 访谈时间表。

访谈时间	访谈主题	访谈内容
6月4日13:30—16:30	与钱校长第一次见面	双方达成访谈共识
6月8日8:30—11:30	钱校长生活史	求学、农村、工厂经历
6月8日13:30—16:30	钱校长生活史	提问、大学经历
6月13日13:30—16:30	南外仙林分校创办历程	办学背景、办学特色、学校体制、领导班子、生源师资、校风校训
6月17日8:30—11:30	学校十年办学运作	"顺其自然"的校训、"四项基本原则"
6月17日13:30—16:30	学校十年办学运作	"三项中心工作"
6月24日8:30—11:30	学校的执行系统	外语特色和办学国际化、课程建设和队伍建设
6月24日13:30—16:30	民办机制的运作，教育力和教育关系理论	民办学校是怎么运作的；教育力和教育关系的具体阐述
6月25日8:30—11:30	南外仙林分校的办学困境	南外仙林分校面临的内部和外部发展瓶颈
6月25日13:30—16:30	补充提问	校长角色、师生关系、校长智库

(2) 文本资料的收集工作。

本项研究以对钱校长的访谈作为主要资料，同时还参考了学校的大量文本资料，具体包括：学校的课程设置方案、学生多元评价体系实施细则、学校招生信息、毕业生升学情况等。学校的文本建设工作在国内堪称一流，学校拥有年鉴（2002—2012）七本，校刊《实践与研究》和《在水一方》两种。《实践与研究》杂志是为教师刊印的，每月一期，集中刊载学校的重要改革内容，如《三项中心工作专辑》《教育力与教育关系的研究报告集》《十周年校庆专辑》，以及教师的教育教学研究成果；《在水一方》为学生作品集，不定期出版。另外还有每学期开学初钱校长对全校教师所做的工作报告。资料建设对于学校改革的整体推进发挥了文化引领和思想动员的作用。在集中访谈完成之后，我们又安排了对学校的实地观察、重大活动观摩等资料收集工作，具体包括：2013 年 9 月 23 日，南外仙林分校小学部一年一度的体育节活动；10 月 1 日，南外仙林分校十周年校庆活动；10 月 14 日，南外仙林分校第六届学代会；等等。还包括对相关人员的访谈，以期从不同角度形成对学校发展的整体印象。

(3) 访谈资料的整理工作。

此项研究是我和四位研究生与钱铁锋校长共同完成的，也是研究者与钱校长有关校长生活史、学校发展史的对话过程。它建立在研究者与访谈对象之间充分信任、坦诚相见的基础之上，这是此项研究得以顺利进行的认识基础和情感基础。就研究的技术手段而言，在访谈开始之前，经过多次讨论，形成了较为详细的访谈提纲，包括研究主题、内容框架、时间安排、研究手段（如使用录音）等。访谈时间由双方协商确定。每一次访谈都是在给定访谈提纲的基础上，由钱校长根据访谈主题展开访谈内容叙述。访谈内容用录音笔记录下来并进行后期整理。在征得钱校长同意后，文中出现的学校名字和人名没有使用匿名或经过技术处理，基本保持了原文风格。当然，访谈中涉及的一些敏感人物或事件在尊重当事人的基础上做了适当加工处理，以保护当事人的个人隐私。

三、校长生活史对于学校变革的影响

个人知识的形成取决于自己的生活经验，个人的思想来源于自身的生活实践，个体生命历程中的关键人物、关键事件更是直接促动了教育家思想的建立。他们的生命活动与其自身的教育观念或思想理论是有机统一的。如果缺乏对其生活史的深入研究，就无从再现其鲜活的思想与具体生活之间的动态关联。因此，将一个人的思想置于其生活世界的视野中，将其教育思想和生活史联系起来，不仅可以增加其思想的可读性，使人领悟其思想的魅力，更可以使人感受到生活与思想的联系，从而反思并改变教育研究者应有的生活方式和研究方式。①

就本研究而言，校长生活史研究为我们呈现了钱铁锋校长丰富的人生阅历，呈现了他在人生不同阶段所经历的事件对其性格和人格带来的深刻影响。而其独特的求学经历与工作经历，又为他在南外仙林分校所做的一系列改革打下了坚实基础。

（一）站在学校外部审视教育的规定性

钱校长出生于1947年10月30日，时值民国时期，后经历了新中国成立之后的社会改革时期、“文化大革命”时期以及改革开放时期，成为中国社会历史变迁的见证人之一。那个年代特有的工厂、农村生活经历，以及在不同学校任职的工作经历和管理实践经验，构成了他作为校长的丰富人生阅历。对于钱校长而言，童年时期的学校记忆是快乐而美好的。小学阶段正值“文革”时期，虽因学校停课无学可上，但他仍不忘读书，他接触了很多哲学书籍，阅读了大量中外文学名著，为其人生打下了坚实的理论基础和文学修养，形成了大胆求索、不唯教条权威、独立判断和独立思考的习惯。在农村和工厂的人生经历，使其发现了自己的

① 路书红. 生活史研究对中外教育家研究的价值[J]. 教育发展研究，2011(24)：65－68.

智力优势，并对教育获得了独特的认知与体验。其中，农村工作经历中通过改革分配方式带来的效率提高，使其尝到了改革的甜口；工厂经历对其个人素养的提升、兴趣爱好以及思维品质的形成产生了影响，如喜欢打桥牌、下围棋等。1977年国家恢复高考，他在1978年实现了自己的大学梦。在南京外国语学校工作十七年间，从最初的政治老师到班主任、教导主任、常务副校长，他在每段工作经历中都不断尝试变革。在农村、工厂、学校三个不同场域的工作经历，使他得以从教育的内外部系统中获得对教育的独特理解与思考，进而得出"教育是农业，不是工业；教育是复杂劳动，不是简单劳动"等关于教育的判断和认知。

（二）理想信念为教育改革注入原动力

对于钱校长而言，人生阅历作为一种不可或缺的资本，为其改革注入了源源不断的生命活力。面对民办学校特有的来自家长、社会的期待与压力，面对基础教育领域存在的诸多问题，他并不满足于学校现有的办学条件和生源质量，而是自我施压、不断进取，以一种只争朝夕的胆识和勇气，主动寻求教育的变革之路，使教育改革成为自己生命历程的重要组成部分，推动了南外仙林分校的十年改革，坚定不移地走出一条属于自己的办学之路。对于教育改革，钱校长有着属于自己的理解与体会。"穷则变，变则通，通则久"，这句古话彰显了亘古不变的真理：唯有变革，事物才能保持持久的生命力。鉴于无法在现行的公办教育体制内进行变革，为了实现自己的教育理想，他毅然辞去了南外副校长的职务，放弃了在公办学校优越的地位，在已届退休年龄之时，义无反顾地参与创办了南京外国语学校仙林分校，希望在民办学校相对宽松的环境下，寻求基础教育的变革之路。这样的胆识源于他心中的教育理想和教育情怀。南外仙林分校的创办与发展，在教育领域推行的诸多变革以及南外仙林分校办学模式的形成，与钱校长丰富的人生经历以及在实践中积累和形成的教育智慧是密不可分的。而钱校长的教育理念、实践智慧的形成则与其生活阅历息息相关。

（三）理论先行：思想在改革中的引领作用

一项改革能否走得长远，能否经受住时间的考验，关键就看这项改革的指导思想是否正确。在南外仙林分校的改革过程中，理论具有举足轻重的引领作用。这一理论既是基于学校校情的“地方性知识”，又是符合教育一般规律的“普遍性知识”，是地方性和普遍性的统一体。贯穿南外仙林分校十年改革史的一条思想主线，就是钱校长提出的“教育力和教育关系”的理论命题。

“教育力和教育关系”这对概念和理论命题是由钱校长率先提出的，经历了一个“大胆假设，小心求证”的过程。在钱校长看来，马克思的生产力与生产关系概念对于揭示经济发展规律是极具说服力的；同样地，教育力和教育关系这对概念则可以揭示教育的发展规律。为此，他经过几年时间的深入思考正式提出这一对概念，并形成南外仙林分校教育改革的指导性文件。在他看来，所谓教育改革不外乎在教育力和教育关系两个范畴内做文章，目前基础教育改革中，多数学校都在提升学校的教育力上下功夫，如引领人才、加大财政投入等，但仅仅依靠提升教育力作用是有限的。真正意义上的教育改革必须是在教育关系即在教育体制和教育要素重组上下功夫。在这一思想指导下，南外仙林分校的班级管理体制改革、课堂教学改革、理想教育等逐步诞生。对于民办学校而言，如何在体制外求生存、求发展，教育关系的因素显得尤为重要，例如民办学校与教育主管部门的关系、与家长的关系、与董事会的关系、与地方社会的关系等均具有特殊性。学校与社会外部环境之间的关系可谓千丝万缕、盘根错节，仅仅局限于对教育内部规律的遵循，无疑会犯“书生气十足”的错误。而成功的改革者需要游走于体制内外，在社会与学校之间有形无形的关系网络间行走，这需要有非同寻常的意志力、实践智慧和胆识魄力。套用一句老话，这是一个需要改革并且呼唤改革家的时代，南外仙林分校的改革经验无疑为我们提供了一个教育家办学的范本。

四、“教育家办学典范”的形象素描——个案研究的意义和价值

对于“教育家办学典范”的形象素描，笔者主要从“教育家的思想：教育力与教育关系命题的提出”“教育家的视野：对基础教育改革的全面思考”“教育家的理想与信念：办教育不计个人得失”“教育家办学的启示：对民办学校发展之路的探索”四个方面进行阐述。本书在《教育家办学的典范——走进南外仙林分校，走近钱铁锋校长》一文中对这几方面已有类似论述，在此不再赘述。

总之，校长生活史对于学校变革的影响可以概括为：钱校长人生阅历和办学经历的丰富性，决定了他对于民办学校的发展道路有着清晰的判断和独立的思考，不是将经济效益作为民办学校发展的唯一衡量指标，更不是在已有办学经验基础上的因循守旧、坐享其成，而是始终将改革或变革作为推动学校发展的原动力。这一推动学校变革的力量一方面源于他对于教育的理想与信念，另一方面则源于他的理论自信，即将改革建立在遵循规律、符合规律的科学理论基础之上，进而构成了校长生活史与学校变革之间的内在统一，这正是把钱校长的个人生活史作为研究个案的独特价值所在。

03

班级管理体制改革的创新实践

——透视一所学校的班改实验*

基础教育改革已进入实质性的攻坚阶段，不能不触及基础教育的体制性问题。班级作为学校教育教学的基本单位，构成了学校教育的细胞。班级管理体制改革，看似只涉及班级管理体制本身，实则影响到学校工作的方方面面，进而引发学校整个管理体制的变革，可谓牵一发而动全身。而对此项改革规律的探讨，无疑有助于加深对基础教育改革复杂性的理解。

南京市N校①的班改实验就是这样一项改革。所谓班改实验，即变班主任负责制为班级教育小组集体负责制，并由此引发的一项学校整体改革。此项改革的基本假设是，班主任负责制是计划经济的产物，是建立在班级授课制基础上的，在整个社会从计划经济向市场经济转型的今天，已经不能适应教育问题的复杂性和学生身心发展多样性的需要。这样一项源自学校自身发展需要，由学校管理层主动发起的改革行动本身，就是一个很好的研究素材，值得理论工作者从学理上加以认识，对它的发生发展、运作机制、实施过程和实践结果，进行深入思

---

* 本部分原文发表于《教育科学研究》2016年第10期，作者齐学红，有个别改动。

① 原文发表时，出于研究伦理的考虑，对人名、校名做了技术处理，此处遵照原文处理。原文发表时注明：对于此项改革的相关报道已见于多家媒体，受到教育界的广泛关注。

考，进而对于班级管理体制改革这样一项社会实践，做出一个理论工作者应有的解释和说明。自 2008 年开始，南京师范大学班主任研究中心的学者们带领研究生，走进这所学校的班级体制改革实验，见证了班级体制改革这一新生事物给教师和学生生活世界带来的变化和影响。本文试图以此为个案，深入探讨班级管理体制改革的共性问题，进而对班级管理体制改革这一社会事实加以理论呈现和个人解读。

一、理念先行：班级管理体制改革的动力来源

在“升学主义”的大背景下，很多学校的注意力主要放在抓学生的考试成绩上，班级作为一个载体，只要不出问题就万事大吉了，很少有校长会考虑对此进行改革。Q 校长作为此项改革的发起人，为了调整教育内部关系，打破学校内部管理中普遍存在的条块分割、人浮于事的现状，最大程度地发挥教师的教育作用，变班主任负责制为班级教育小组集体负责制，进而引发学校管理体制的总体变革，他率先提出了教育力与教育关系这一核心命题。关于教育力与教育关系，Q 校长有这样一段表述：

所谓教育力是指学校的总体实力，包括教学设施设备、教师的实力、教科研水平等物质性因素。教育力的发展在很大程度上受制于学校的教育关系，包括学校性质、办学思想、管理方式、评价制度、分配制度等非物质性因素。班级作为学校最主要的基层单位，对学校教育力的发展举足轻重。班主任负责制代表一种原有的教育关系，它对当前教育力的发展起到了严重的阻碍作用。[①]

他认为，教育界对于教育力的认识和重视程度普遍较高，把学校硬件条件的改善、教师队伍建设、教师整体素质的提高等，放在头等重要的位置，但对于教育关系的认识普遍欠缺。学校管理中人浮于事、条块分割、“见物不见人”的现象普遍存在，不能形成教育合力。究其原因，学校的制度设计是按照学科进行规划，

① 引自南外仙林分校《班级教育管理体制改革的实践研究》文集。

是学科取向的，不是从学生出发、从教育问题出发的。“班级教育小组制度的建立，是对原有教育关系的大胆改革，涉及教育关系的各个环节。它不靠大运动量高强度投入，不靠低效重复劳动，不靠牺牲师生的身心健康，而是凭借对教育资源的有效配置和科学整合，主要用内涵发展的方式，激发教师和学生的主动性、积极性，必将极大地提高教育质量、教育效益，解放学校教育力。”①

人们对教育力的认识在目前学校管理体制下是比较容易触摸和感受到的，但对于教育关系的理解与认识还停留在观念层面，缺少现实的制度加以保障。班级作为学校教育教学的基本单位，承载着学校方方方面的工作，是构成学校教育的一个细胞。通过对班级进行改革，能够引发整个学校管理体制的改革。因此，班级管理体制改革成为撬动学校整体变革的一个杠杆。

改革是一项主动寻求变革的实践活动。因为没有可以借鉴的现成经验，所以需要有理性的思考作为前提条件，包括对改革的可能后果以及改革必须付出代价的预测。N 校的改革之所以以这样一种方式全面、整体性地向前推进，是同之前深入的理论研究以及对教育规律的探索分不开的。

N 校首先将班级管理体制改革以省级立项课题的方式在全校开展理论研讨，从思想上达成了共识。通过几年理论上的学习，思想上的准备，教师们普遍认识到此项改革的重要性。为此，学校召开了数次动员大会、两次班改现场会，将改革进程中好的典型及做法及时加以宣传与推广。领导层的决心和信心，成为教师们的定心丸。同时，Q 校长以系统的理论研究作为先导，组建了一个智囊团（课题组），经常性地开展理论研讨，并聘请高校理论工作者参与课题的论证和研讨，使得整个班改实验得以有条不紊地进行。因此，N 校的班级管理体制改革是一项理性实践，是在理性思考基础上的自觉实践活动。

二、路径选择：班级管理体制改革的实践智慧

教育改革的路径不外乎两种：自上而下式与自下而上式。众所周知，在中央

① 引自南外仙林分校《班级教育管理体制改革的实践研究》文集。

集权的政治体制下，自下而上式的改革是很难推进的，尤其是涉及体制问题的改革，往往是少数人难以完成的。N 校的班改实验是按照自上而下的改革路径推进的，上自学校校长，再到学校中层，下到普通教师、生活老师，无一例外地进入了此项改革，每个人都成为班级教育小组的一员，践行了“人人都是德育工作者”的教育理念。班级事务不再是班主任一人说了算，而是班级教育小组群策群力、共同决策的结果。学校对教师工作业绩的考核与对整个班级的评价挂钩，即对班级教育小组成员实行捆绑式评价。此项改革有一套完整的操作性强的制度设计作为保证，不仅仅停留在观念层面。这样一个关涉全局，带来教师工作方式、生活方式的总体性变革，非学校行政力量的推动不能实现。

在此项改革中，自上而下式的改革路径主要体现在以下两个方面。

一是依赖校长的领导力。在校长负责制下的基础教育领域，一把手校长的办学思想和理念对于一所学校的发展具有举足轻重的作用。民办学校相对于公办学校拥有较大的办学自主权，这也为 Q 校长施展自己的教育理想和抱负提供了平台。在众人眼里，Q 校长是一个求真务实、敢于作为、有远见卓识的思想者。在他担任校长期间，学校发生了很大的变化，办学水平很快得到社会的认可，学校在南京市跃居前列，生源质量也有了很大的改善。正如南京市教育局领导在班改现场会上所说：“Q 校长不安于现状，带领全校师生员工走上了一条锐意改革之路。对于这所学校的领导和全体教师而言，他们已经超越了功利化的追求，改革本身体现了他们对教育意义和生命意义的理解与追求。”[①]改革不是出于学校自身生存的压力，而是出于对现有教育体制自觉变革的主体意识。尽管在改革之初，学校领导层中有不同意见，也有少数人持怀疑和观望态度，但有一把手校长的锐意改革，有民办校相对灵活的办学体制，有学校长期营造的科学民主、开放进取的学校文化的支撑，班级管理体制改革在艰难中进行。N 校的这场变革为我们提供了教育家治校的范例。

二是借助教育行政的力量。除了学校内部各方力量的动员外，N 校还借助

---

① 摘自 2010 年 11 月 23 日南京市教育局局长在班改现场会上的讲话。

教育主管部门的力量，主动寻求教育行政力量的支持，将次项改革的经验和做法在南京市乃至更大范围内加以宣传、介绍。对于N校的改革者而言，要想改变当前基础教育的生态，仅靠学校一己之力是远远不够的，必须扩大这项改革的影响力，让此项改革的经验惠及更多人或更多学校，进而营造班级管理体制改革的整体氛围。为此，N校主动争取教育行政部门以及社会力量的支持，曾与教育局、高校研究部门联合举办了近千人的班改现场会。为了让此项改革能被更多的教育有识之士理解和接受，进而使班改从星星之火成燎原之势，Q校长虽已界退休的年龄，仍以教育家的情怀受邀到全国各地作报告，宣传介绍学校的做法。他还主动借助媒体的力量，扩大此项改革的社会影响力。

自上而下式改革路径的选择，是建立在对中国国情的理性分析与判断基础上的。过去，中国的教育管理行政化色彩浓厚，学校更像是行政机关，行政机构的臃肿庞大、办事效率之低，受到社会各界的诟病。为此，近几年高校管理体制改革中“去行政化”的呼声日益高涨。但是，中国语境下的教育改革离开行政的推动是很难转化为现实的。“去行政化”去除的是机械化、官僚化、程式化的管理模式，而主动发挥行政的力量是一个问题的两个方面。N校的班级管理体制改革之所以能走到今天，得到社会各界的普遍认同，除了学校自身行政力量的推动外，还与教育主管部门的支持分不开，如，学校可以不参加市里组织的各类评选，不参加各类考试的排名活动等。学校在主动放弃一些眼前利益的同时，也为自己的自由自主发展赢得了空间。主动借助行政的力量，为学校发展争取更多的社会资源，体现了N校在改革路径选择上的实践智慧。

三、动态生成：改革进程中的自我修正

一项真正的改革举措不是校长一个人的思想，而是需要转化为全体教师的自觉实践。校长的办学理念如何转化为教师的自觉实践，这是管理学需要探索的重要话题。班级教育小组集体负责制作为一种新的班级管理模式，从理论到实践，从观念转化为每一位教师的实际行动，需要一个漫长的过程。其中，教师

经历了一个痛苦的蜕变过程，对改革的态度从被动到主动，从徘徊观望到主动求变；学科教师的角色从班级教育的旁观者转变为班级管理的主人，体会到教师的职业幸福。改革使教育回归到自身，使教师回归到教育者本身，而不是异化为只教书不育人的知识机器。教师在实现"从教书匠到教育者"的角色转化过程中，逐渐体会到班级教育小组内同伴合作的快乐，这从教师话语方式的变化可见一斑。以前学科教师常对班主任说，"你们班的学生如何如何"，现在教师则称"我们班的学生如何如何"，这样的实践结果只有教师亲身经历了才能体会。由此可见，正确的教育观念或思想能够引领或改变教师的教育行为。

班级管理体制改革实验的推进过程也是理论与实践交互作用的过程。改革设计者只是提供了一个蓝图，如何把班级教育小组做到实处，学生、家长、教师如何参与到这个过程中来，需要每一位教师创造性地发挥自己的聪明才智，消极被动地"坐、等、靠"是不可能取得好的实践效果的。例如，学生代表和家长代表可以直接参与到班级管理中来，但是，学生代表、家长代表如何产生，如何参与等具体操作层面的问题，则需要每一位教师的实践智慧。如果说全体教师参与班级管理，相对于班主任负责制下的独断专行是一个挑战，那么，学生和家长参与班级教育和管理，则是教育民主化的具体体现。从这个意义上来看，此项改革本身就具有了教育关怀和人文情怀。N校的改革可谓前无古人但不能说后无来者的深刻变革。作为一项改革的创新举措，本身有一个不断尝试、探索的过程。如何使这个过程走得更远？这需要改革者保持开放的意识与胸怀，不断地自我修正与自我完善。

走进这所学校可以发现，班级管理体制改革背后有着深厚的学校文化底蕴，其发生并非偶然。学校文化的培育是一项长期而艰巨的任务。在这所学校，每学期开学前都会举办一系列的学术报告，播放有影响力的教育影片，作为对全体教师的文化启蒙。这里还诞生了我国基础教育领域第一部依法治校的"学校法典"；学校的校训是"顺其自然"，体现了对于教育生态以及学生生命状态的尊重。由此可见，离开了学校文化土壤的滋养，很难有班改实验的顺利推进。这也是许多卓有成效的改革举措很难照搬照抄、简单移植的原因所在。

四、制度文化：班级管理体制改革的深层问题

在我国经济体制改革取得巨大成就的今天，人们开始关注政治体制改革，甚至有人认为，政治体制改革比经济体制改革更加艰难。总之，体制问题成为教育改革的关键所在。在教育体制中同样存在着很多不合理的现象，对这种现象人们往往视而不见，有时也会感到无奈、无能为力，进而只能坐等改革的发生。例如，在学校的制度设计中，学生是作为完整的生命体存在的，而学校的课程安排是分科设置的。教师往往各司其职，在教师的角色身份认同中，“我是语文老师”或“我是数学老师”，即教师首先认同的是学科教师的身份，其次才是教师的职责。这种基于学科分化的体制安排与学生作为完整的生命体的客观存在是不相适应的。而教育力与教育关系问题触及学校教育深层次的问题，即教育管理体制如何与教育对象的特点相匹配的问题。从这个意义上说，教育体制改革以及对于这种体制所承载的文化的改造还有很长的路要走。因为人们已经习惯了这样一种制度以及这种制度所承载的文化，习惯于各司其职的学校行政设置，包括学校德育处、教务处等职能部门的设置，而这种制度设计与学生的整体发展需要是不相吻合的。体制改革固然重要，但比体制改革更为关键的是制度带给人们的思维惯习的改革。在目前的学校管理体制中，人们已经习惯了各司其职、只有分工没有合作的教师文化。

班级教育小组集体负责制打破了已有的学校管理体制，实现了从班主任一人负责到班级教育小组集体负责的转变。这个转变的背后是教师职责和角色的转换。班级管理体制改革的指导思想是，“教师即教育者，教师既要教书又要育人”，这是教育自身规律所要求的，而在目前的教育管理体制下，教书与育人是人为分开的，“两张皮”甚至“多张皮”的现象到处存在，这就是思维惯习。在这样的惯习下，教师合作是缺少载体的。在班主任负责制下，班主任仅凭一己之力往往难以承担超负荷的体力、精力上的付出，对学生的发展也极为不利。这种工作机制既难以实现班主任专业发展的使命，也不利于其他教师积极性的发挥。这从

当前中小学绩效工资实施以来班主任工作面临的新的困境可见一斑。因此，从某种程度上看，班级教育小组集体负责制为班主任专业化理论和实践提供了新的视角。

制度化的学校文化产生了制度化的班主任，形成了“只有分工、不讲合作”的班主任文化。合作的教师文化因缺少体制的载体，因而很难成为现实。班级教育小组集体负责制为合作的教师文化提供了制度平台。传统的教研组、备课组强调的是学科教师之间的交流与合作，体现的是学科知识取向的教师文化，凸显的是教师的知识权威地位；这种机制很少指向个体学生以及具体的学生问题，进而形成了教师文化中“见物不见人”的特点。另外，条块分割、各自为政的学校管理体制不利于合作的教师文化的形成。合作的教师文化需要制度的平台和载体。N 校在班级教育小组集体负责制下创设了“日碰头”“周例会”“月诊断”的交流机制，班级教育小组的平台提供了日常化的教师合作交流的机会和可能。班级教育小组的每个成员都有自己负责的“牵手学生”，他们需要在与其他教师的合作交流中找到针对个别学生的最佳解决方案。这个过程就像医院系统里的专家会诊。按照 Q 校长的预设，每个教师都应该建立学生的个人档案，有针对性地为不同学生制订不同的学习计划和实施方案，真正做到因材施教。这在班主任负责制下是很难实现的。

五、主体实践：班级管理体制改革的意义建构

班级管理体制改革的理想境界是践行民主，让师生在民主生活中践行民主。即，通过全体教师、学生代表、家长代表共同参与班级教育和管理实践，通过集体协商、共同参政议政的方式，实现班级生活的民主化。这样的改革理想同样源于教育实践的启示。在班改之前，毕业班的老师自发联合起来，共同对班级学生学习情况进行分析诊断，进而实现班级各科教学的最优化。显而易见，与班级事务一人决策相比，班级事务集体决策不够经济高效，这与当前基础教育领域一味强调通过精细化管理提高升学质量的应试教育环境是不合时宜的。正如 Q 校长所

言，此项改革可谓“叫好不叫座”，听上去不错，但是真正做起来很难。因此，对于此项改革意义的理解与认识，本身就是一个主动建构的过程。建构主义理论强调，社会现实的存在本身就是一种社会建构的结果，主体的人及其行动构成了社会现实本身，社会现实背后既隐含着社会制度给人们的社会行动带来的客观制约和限制，同时也包含了人对于社会行动及其意义的主体建构。教育改革本身就是实践主体对于改革意义持续不断的建构过程。

N校的班级管理体制改革体现了Q校长不断追求民主、科学的办学理念，以及对实现教育理想的期盼，即如何更好地发挥学校教育的社会改造功能，这也是学校教育的可能作为。如果把杜威的《民主主义与教育》与今天N校的班改实验相比照，可以发现二者之间的一些关联，即《民主主义与教育》是探索教育与民主主义社会之间内在的必然联系：学校应该成为实现民主主义社会理想的一种有效途径和方法。在N校的班级管理体制改革中，也透露着很多关于民主的思想和理念。民主化进程作为人类文明进程中一个重要组成部分，其实现是一个渐进的过程，往往需要几代人的共同努力和探索。从这个意义上来说，N校的改革，未来的路还很漫长，它需要几代人的努力以及对于教育理想的坚守！

对于这样一项从最初酝酿到今天的相对成熟与完善，历时八年仍在进行中的学校整体改革，我们充满着期待，其实践结果还有待时间的检验。因其涉及学校工作的各个层面，也因为人的差异性的普遍存在，其实施效果离改革预期还有一定的距离，从制度设计到制度实施之间还存在一定的距离，如：班级教育小组的工作方式（“日碰头”“周例会”“月诊断”）因时间安排上的冲突而流于形式；“牵手学生”局限于班级里的“问题学生”，没有照顾到班级里的每一个学生；学生家长参与班级管理变相成为家长对学生的监管，进而导致学生的反感；等等。这些现象的客观存在告诉我们，再好的制度设计都不可能包罗万象，不可能穷尽实践中的各种具体问题。对于实践主体而言，都有一定的制度空间有待于个体能动性的发挥。在拥有一定的制度平台之后，人的因素、个体的差异性就成为制约改革进程的重要因素。人与制度之间表现出的多维互动关系，使得任何改革都呈现出多样性和复杂性的一面，而不会是众口一词、步调一致。

令 Q 校长深感不安的是，班级管理体制改革实验推进至今，教师的积极性和潜力得到了比较好的发挥，但是学生和家长的参与还停留于形式，如选择什么样的学生、家长参与班级教育和管理，他们的代表性如何，作用如何发挥等问题，还值得进一步探讨。在改革进程中，还会受到许多偶然因素的影响，如，班改是否会因 Q 校长的退休而搁浅？是否会回到原来的老路上去？在整个社会环境、教育环境没有改变的今天，一所学校的改革究竟能走多远？值得欣慰的是，班级管理体制改革实验推进至今，许多教师已经尝到了改革的甜头，在班级教育小组中已经体会到合作的快乐与工作的幸福。笔者认为，如果教师真的行动起来，真正在改革中发现了教育的意义、工作的价值，改革动力就会持久，它会胜过任何外力的强加。

正是因为改革设计者有着这样的自觉自主意识，以及不断反思进取的精神，我们对教育改革才会充满期待。班级管理体制改革仍在进行中……

04

班级管理体制改革中教师的角色转变*

在班级教育小组集体负责制下，班级管理不再只是班主任一个人的事情，任课教师、学生代表、家长代表共同参与到班级管理过程中来。班级不再是班主任的“私人空间”，教师不再是只管教书，不负责育人，而是共同承担起全面育人的任务；教师成为学生的精神关怀者，班级成为班主任、任课教师、学生共同的精神家园，这样的教育愿景在班级管理体制改革的背景下正在从理想变为现实。班级教育小组的建立，充分整合了教师、学生和家长的资源，调动了各方教育力量的积极性，形成了家庭、学校、社会的教育合力，实现了学生的自主发展。

当我们一谈起教师的时候，脑海中立刻浮现出“辛勤的园丁”“人类灵魂的工程师”“燃烧自己、照亮别人的红烛”这样一些根深蒂固的形象。在讴歌教师无私奉献、默默付出的同时，是否可以尝试将我们的教师从繁重的工作中解放出来，特别是班主任，不仅要承担繁重的教学任务（班主任所教科目多为主科），同时，还要对他所带的班级负责，处理班级中出现的各种常规问题，协调学生与任课教师的关系，应对班级管理中出现的各种突发事件，等等。很大程度上，班主任被

* 本部分作者齐学红。

赋予了一个“全面管理者”的角色，班主任事事管、样样管、处处管，班主任工作时间的无边界性、承担责任的重大，使得班主任背负着沉重的精神负荷，这在强调班主任专业化以及绩效工资制度背景下，都成了理所当然。班主任实际上承受了“生命不能承受之重”。与之相反，学校里的任课教师则要轻松得多，他们只负责日常的教学工作，对于班级工作和学生的身心发展可以不闻不问，久而久之，教师的功能在逐渐退化，日益演化成为一个教书匠的角色。中国当前实行的班主任负责制在强化班主任作为班级教育教学工作的主要责任人（顾名思义，“班主任”即班级教育教学管理的主任级教师），并且责任内容、职责范围在无限扩展的同时，对于任课教师在班级中的角色并不作任何规定，因而导致了“任课教师负责教学，班主任负责德育”，进而形成了教学工作和德育工作“两张皮”的局面。

针对上述弊端，南京外国语学校仙林分校在钱铁锋校长的带领下，从 2006 年起正式开始进行班级管理体制的改革，变班主任负责制为班级教育小组集体负责制，以“行政推进，课题引领”的方式全面落实班级管理体制改革。班级教育小组管理体制改革之后，班主任和任课老师的角色都发生了重大转变。此项改革在理论界和实践领域产生了较大反响，介绍此项改革的两篇文章《建立班级教育小组的尝试》《建立班级教育小组制度——班级管理体制改革的尝试》分别在《中国教育报》（2008 年 9 月 23 日）和《班主任之友（小学版）》（2008 年第 8 期）发表。此项改革走在了中国基础教育班级管理体制改革的前列，由班级管理体制改革引发了学校教育体制的整体的全方位的变革。

南京外国语学校仙林分校的具体做法是将班主任负责制转变为班级教育小组集体负责制。班级教育小组成员实行“1＋N”的模式，设组长一名，组员若干名。由班主任、部分任课教师、生活老师（为寄宿制学校所设）、学生干部代表、家长代表组成小组。其中班主任担任组长，部分任课教师（2—3 人）、生活老师为核心成员，班长、团支部书记（或中队长）、家长代表为重要成员。这样，班级教育小组成员就涵盖了教师、学生、家长三方代表。学校所有任课教师、生活老师全部进入班级教育小组。班级教育小组是班级教育的领导核心，是学校教育管理最基层的团队和组织机构。组长（班主任）是班级教育小组的核心，是第一责任人，是班级工作的决策者，对组员具有领导职责，同时又是班级任课教师的协调者、服务者。班级教育小组组员是班级管理的主要成员，应服从班主任的工作安排，对班级工作具有建议权和管理权，对班级工作负有直接责任。班级教育小组的工作方式主要是通过集体决策、集体商讨、集体行动的形式来展开。在经过"日碰头""周例会""月诊断"的"三会"后，针对不同学生制订不同的个体指导方案，具体的指导工作分包到每一位任课教师。在决策做出后，在班主任的领导下，由班级教育小组成员分工负责落实，所有任课教师既教书，又育人，将德育工作和教学工作很好地结合起来，避免了原来德育工作长期游离于学科教学之外的现象。班级教育小组的评价方式采用"捆绑式评价"，把班级教育小组看成一个整体来进行考核，考核内容包括：班级的学习力、推进率、常规、活动、班级文化建设等方面。同时，评价制度与分配制度密切挂钩。学校拿出专项资金用于推进班级教育小组的改革，每个月发放给班级教育小组成员一定的津贴，经考核成绩优异的教育小组年终还会进行奖励。责、权、利相结合，从而极大地调动和激发了全校师生投身此项改革的积极性和创造性。在组长的主持下，班级教育小组所有组员一起献计献策，共同会诊学生问题，共商班级教育大事。学校教育关系的重组带来了教育力的提升，以及人才培养质量的提高。

南京外国语学校仙林分校的班级管理体制改革所产生的教育意义和社会效果是巨大的，不仅有利于发挥学生的主体作用，对学生实行全面素质教育，而且还有利于发挥教师集体的作用，促进教师角色的转化，提升教师的专业化水平。

教师角色是指教师在学校教育及班级管理中，为实现与其身份和地位相适应的权利和义务时，所表现出来的符合社会期望的态度和行为模式的综合。教师角色的转变一方面要适应社会发展的需要，另一方面要适应学生发展的需要。教师角色的转变，受到社会期望、学生期望以及教师自我期望的共同影响。教师角色的转变是时代发展的必然趋势，但是这种转变往往不是自然而然地发生的，而是需要一定的制度平台和体制保证的。

在班级管理体制改革中，班级教育小组集体负责制改变了原来班主任"一人说了算"的局面，任课教师从班级管理的幕后走到了前台，学生和家长也从管理的客体成为了管理的主体。班主任与任课教师的关系发生了如下变化。

第一，班主任由班级的直接管理者转变为班级管理的领导者。在班级教育小组制度下，所有教师处在一个具有较强行政关系的体制内，班主任带领着任课教师、学生代表、家长代表共同管理班级，大家的积极性被调动起来，责任心也随之提高。一位班主任深有感慨地说："原来给任课老师分配任务还羞答答的不好意思，怕任课老师拒绝，现在班主任的领导意识明显增加了。既然大家都在一个集体内工作，就应该同呼吸、共命运。班主任分配的任务，任课老师、学生代表和家长代表都会很积极地去做。"

第二，班主任由班级管理的微观操作者转变为班级管理的宏观决策者。班级教育小组将班主任从繁杂的事务中解放出来，任课教师、学生代表和家长代表替班主任分担了相当一部分重任，不仅为班主任减掉了工作上的负担，而且还减轻了精神上的负担。一位班主任坦言："原来，一个星期五天，我天天都要跟班。现在实行班级教育小组制度后，我一个星期只有 2－3 天跟班，其他的时间我可以读读书，从整体上思考该如何进行班级管理，如何提高班级教育小组的工作效率。"

第三，班主任由权力的主宰者转变为权力的授予者。在传统的班主任负责制下，班主任拥有绝对的权威，集教育、管理、服务职能于一身。班集体的民主意识得不到彰显，学生的主体地位也被削弱。班级教育小组的建立，客观上要求班主任把权力下放，分别授权给任课老师、学生代表、家长代表。"三个臭皮匠抵个诸葛亮"，班级教育集体的智慧和力量有利于班级管理工作的进一步开展。

第四，任课教师由单纯的"教书匠"转变为班级管理的实施者和班级教育的责任人。班主任负责制导致了任课教师和班主任只是一种松散的合作关系，任课教师并没有进行班集体建设的"角色心理"与班级管理的角色意识。"事不关己"的状态让很多任课老师只知道如何教学，却不知道如何育人。由于对学生的不了解，缺乏与学生的沟通与交流，直接影响到学生的学习效果。一位任课教师说："班级教育小组为任课教师提供了一个展现自己能力的平台，锻炼了我进行班级管理的能力，也在一定程度上提高了我的自信心，这让我的工作更加有干劲!”

通过对南京外国语学校仙林分校班级教育小组的全面了解,我们深感班级管理体制改革的紧迫性与必要性。班级教育小组制作为一项基础教育管理改革的新生事物,从转变教师角色这个意义上来讲,也是具有强大生命力的。我们坚信,班级教育小组制有着广阔的发展前景,中国的教师必将全面合理定位自己的角色,不断推进教师的专业化发展,提升教师的教育品质。

05

班级管理体制改革与教师发展*

班级管理体制改革是近几年在南京外国语学校仙林分校有组织有计划推进的一项改革。这项改革针对班主任负责制的弊端，推出班级教育小组集体负责制，使所有教师都在一定的班级承担一定的管理及教育责任，真正使“全员育人”的理念成为现实。

一、班改促进了教师的发展

人的发展离不开社会实践，教师参与到班级管理中经历的“教育事件”及所受到的锻炼与未参加班级管理的教师不可同日而语。

(1) 班改激起了教师的工作热情。

许多教师参加到班级教育小组后，主动建议、主动承担、主动负责。每次学校一些大型的活动如体育节、英语节、艺术节来临之前，班级教育小组成员都能在一起出谋划策，共同制订出最好的方案，一起组织和动员孩子参加活动，充分

* 本部分原文发表于《江苏教育研究》2012 年第 1A 期，作者黎鹤龄，有改动。

发挥群体的力量。

(2) 班改提高了教师班级管理意识与能力。

老师们的体会是："有了更强的主人翁意识，除教学外，逐步锻炼了自己管理班级的能力。""体会到了班主任的艰辛，在班级里的威信也高了，和不执教的小班的关系也近了。"南京师范大学的研究生经过调查发现：学科教师对班级的责任意识和角色意识是在传统班主任负责制下难以看到的。被调查的钱老师有一番感慨："在班改过程中，我学到了很多东西。在亲身参与班级管理过程中，我获得了很多难得的班级管理的经验和技巧，增强了自己的管理能力。"

(3) 班改提高了教师全面育人能力。

在长期的教育实践中，"班主任管德育，任课老师管教学"似乎已经成为天经地义，不担任班主任的教师平常考虑的主要就是学科教学和考试了。正如英语教师刘老师说的："班改前，虽然教书育人是我坚守的教育理念，但我关注更多的是学生的学习，尤其是自己班学生的英语学习状况，与班主任和其他老师的交流，也多限于谈论一些问题学生的课堂纪律和课后作业的情况。至于全班学生的思想状况，总觉得那应该是班主任的事，我们学科老师只要能及时向他们反映一些情况就可以了。"实行班改，除提高全体教师认识外，学校从制度上明确了每位教师的育人责任，全体班级教育小组成员都要参加对学生全面诊断的会议，在"重大活动、主题班会、值日班主任、牵手学生"四个方面，每位教师都有明确的任务。这些要求的落实，给教师提供了抓教育抓管理的平台，教师全面育人的意识和能力在实践中提高了。体育教师张老师说："加入班级教育小组后，无形中就会有种使命感、责任感。我不再像过去，一下课就离开教室，而是在班级转一转、看一看，留意班级的情况，督促学生做好保洁和课前准备等工作。不仅这样，我还养成了一个习惯，就是，无论上班和下班，我都会先去班级里绕一圈，之后再去要去的地方。"

(4) 班改提高了教师沟通能力。

班级教育小组成员互相联系已经制度化、经常化，每人都有联系学生及家长的任务，"日碰头、周例会、月诊断"以及"牵手分工"大大加强了教师之间的沟通，加强了教师与学生、与家长之间的沟通。教师的沟通能力也在沟通的实践中得到提高。有教师说："更让我幸福的是，班改中工作上的沟通使得我们教育小组的老师成为了相互了解、相互理解的好朋友。管理体制的改变增进了人与人之间的情感，工作上的合作成为了一种愉悦，它让我更多地感受到'工作是美丽的'，因为工作给我们带来了一份珍贵的友情。"

班改对教师发展的促进是多方面的。小学部孙老师作了这样的概括："我认为教育小组成员主要发生这样几个变化：从单一的教学者变为多维的管理者和教学者，因为他们要承担在组长带领下的一些具体工作和责任；从被动者变为主动者，因为他们有任务、有责任，所以就会主动积极地参与进来；从班级的边缘走进了班级的中心，走进'我也是这个班级的主要管理成员之一'的角色中；从前与家长、学生的淡淡的关系逐渐变得亲密起来，因为原本很少与学生、学生家长沟通交流，现在呢，与孩子走得近了，遇到问题会与家长沟通，关系渐渐贴近了。"

(5) 班改给班主任(现在是班级教育小组组长)的发展提供了巨大机会。

初中班主任徐老师的总结具有代表性，她说："回顾两年来正式做教育小组组长的过程，我做了很多以前无法做到的事。班级管理更加有序，班级文化建设更有品位，教师对学生的了解更加全面、个性化指导更到位，学生得到了更多的锻炼，素质得到了提高。我自己呢？最大的变化是能够从烦琐的事务性工作中部分解脱出来，多读书、多思考，然后站在更高的层面上引领学生发展。同时也在领导一个团队的过程中付出更多智慧，得到更好的发展，在收获中享受着教育的快乐。"吴老师则说："作为班主任，我是幸福的。原因之一就是得益于钱校长倡导的班级教育小组的管理模式，在班级管理中，我不再是孤军奋战，而是有了一个群策群力的小小团队，我怎么能不幸福呢？"

二、班改中教师发展的不平衡

班改可以促进教师的发展，但并不是说一搞了班改我们的教师自然而然地就发展了、提高了。事实上，在几年的班改实践中，老师的表现和进步各不相同，发展是不平衡的。一方面，不少老师努力学习、积极参与，主动思考与实践，有所创新，不仅获得宝贵经验，而且开始尝到创造性劳动带来的幸福感；另一方面，也有个别老师，由于种种原因，比较被动，常常是带着厌烦的情绪工作，因而出现“到岗没到位，出工未尽力”的现象。

班改作为一项最基层的教育管理体制改革，它触动的是几十年形成的已经在教师脑海中几乎是根深蒂固的班级管理固有的理念和模式。因此，对待班改，教师的认识和行为发展不平衡，甚至有的不理解，有的较被动，这是正常的。这正是改革的艰巨性所在。改革是要靠人来做的，在班改中关注每一位教师的成长和发展，是班改深入发展需要考虑的。

三、 班改要进一步关注教师的发展

在关注班改这件事的同时，要关注从事班改的所有教师，关注教师在班改中态度、情感及认知的发展变化，从而造就一大批因投入创造性劳动而获得职业幸福感的优秀教师，使全体教师有所收益。

1. 小组关注

(1) 培育组长“成人”意识。

班改的最重要标志是建立班级教育小组，对教育小组的工作思路、工作方式、工作要求进行了探索，形成了许多好的经验和有效制度，这是非常需要的。进一步看，还要研究小组每位成员（这里主要指教师）在工作中的成长和发展，这方面也应当有思路和要求。我们不仅要“成事”，而且要“成人”。

而要把这件事做好，关键在组长（班主任）。需要明确组长的职责之一是对小组成员进行指导和培养。“目标管理、提升业绩能力和培养一线人才是班组长的三大职责。”[①]“传统的班组长管理方式已不适用于学习型班组建设的要求。在学习型班组中，班组长的角色不再是控制者、监督者、批评者、考核者，而是学习

① 祖林. 班组管理：从基础到技巧[M]. 广州：广东经济出版社，2011：5.

型班组建设的直接领头人，是班组学习的设计者和推动者，是班组成员心智修炼的牧师，是班组成员技能提升的教练。”[1]这些意见都是值得教育工作者借鉴的。

(2) 在“成事”中“成人”。

教师的发展立足于日常的实践活动，“做事”也是提升教师能力的手段，要努力使“成事”与“成人”紧密结合。

(3) 将小组建设为“学习型组织”。

学习型组织是一个能熟练地创造、获取和传递知识的组织，同时也要善于修正自身的行为，以适应新的知识和见解。它的基本要素是：自我超越、改变心智模式、建立共同愿景、团队学习、系统思考。[2] 这些要素对我们小组的提升都是非常必要的。

2. 年级组关注

(1) 关注组长。

班级教育小组组长面对新情况，承担新任务，责任更重了，要求更高了，他们要带好队伍，本身也还有个工作适应、发展提高的问题。年级组和各级行政部门不仅要下任务，还应传方法、给保障，使组长感觉到班级有坚强集体，背后有可靠后盾。组长希望小组人员搭配合理、相对稳定，希望目标明确、保障有力，这些经过努力是可以做到的。

(2) 关注典型。

南外仙林分校一个年级少则有七八个班，多则有十几个班，有 30—40 位教师，各班、各人工作情况很不相同。年级组最了解各班、各人的情况。针对全面工作或单项工作，都有做得好的班和人，年级组抓住这些典型，工作就容易推动。

(3) 关注后进。

年级组要帮助暂时后进的班级分析原因，找出差距，制订并督促落实有效的改进措施。

---

① 江广营，杨金霞. 班组建设七项实务[M]. 北京：北京大学出版社，2009.

② 圣吉. 第五项修炼：学习型组织的艺术与实务[M]. 郭进隆，译. 上海：上海三联书店，1998.

3. 自我关注

实践证明，所有外部的关注和帮助，只有在内心想变的情况下才会起作用。我们全体教师在班改中要想有发展，要想获得自由与幸福，必须提高自我关注的自觉。

(1) 关注自己的经验。

投入到班改的每一位老师，都会碰到无数的问题，例如，我是以何种心情和方法来做值日(周)班主任的，我如何找到与同学牵手的时间和做到工作有效，如何与同事协商，如何策划活动，如何对学生有效诊断，如何使全组更具凝聚力，等等。对这些怎么想的，怎么做的，有什么经验教训，及时总结反思，就会像一些做得好的老师那样，不仅学会好方法，而且获得好心情。

教师的经验其实就是“实践性知识”，它是“教师专业素养的核心”。“教师知识的形成更多地来源于教师的个人生活史与教育实践的现场，具有实践性、情境性、综合性、默会性、个体性等的特质。”[①]关心自己的专业成长，就应该从关注自己在班改等教育实践中的经历、经验以及心理感受做起，及时记录(做后记)，认真反思。

(2) 关注班改理论。

钱铁锋校长经过长期的教育实践和理性思考，提出了“教育力与教育关系”的观点：“学校几乎所有的工作，都可以归结到教育力与教育关系上去认识、去改进。”[②]在这一理念的指引下，各学部认真地开展了班改的实践和研究，丰富和完善班改的理论，并且形成了学校班级管理体制改革的共同愿景：让师生过民主的生活，或让民主成为一种生活方式。这是指导班改的重要理念，也是班改实践的根本指导思想。

(3) 关注幸福感。

许多老师在总结体会时都不约而同地指出尝到了工作的幸福感，这是很值

---

① 钟启泉. 从 SECI 理论看教师专业发展的特质[J]. 全校教育展望，2008(2)：7－13，23

② 颜莹. 高扬理想旗帜　推进教育改革：与南京外国语学校仙林分校钱铁锋校长面对面[J]. 江苏教育研究，2009(7B)：17－20.

得重视的。这些老师在工作中并不是没有困难和苦恼，而是他们在困难与苦恼面前不止步、不抱怨，用智慧、勇气和毅力，克服困难，战胜苦恼，使自己进入新的境界。经验告诉我们，工作中幸福与否，与工作是否有创造性关系极大。从这个意义上说，班改工作也是为我们创造幸福的平台。研究教师发展的学者指出，体会工作的幸福是更为现实的幸福；当你能享受工作、生活的现实幸福时，你将不仅是寻找幸福，而是被幸福所包围。[①] 而增强幸福感最好的方法就是不断尝试，汲取经验，同时关注内在的感受。[②]

① 陈大伟. 创造幸福的教师生活[M]. 成都：四川大学出版社，2004.

② 沙哈尔. 幸福的方法[M]. 汪冰，刘骏杰，译. 北京：当代中国出版社，2007.

附录　班改的“行走”路线图：相关成果及社会影响一览

一、出版著作

[1] 钱铁锋，齐学红. 变革学校：一位中学校长的口述史[M]. 北京：教育科学出版社，2020.

[2] 齐学红. 结构与行动：基础教育改革的历史社会学研究[M]. 南京：南京师范大学出版社，2020.

[3] 齐学红. 学校德育与班主任专业成长[M]. 上海：华东师范大学出版社，2018.

[4] 钱铁锋. 教育力与教育关系[M]. 南京：南京师范大学出版社，2013.

[5] 钱铁锋. 钱铁锋教育文集[M]. 南京：南京师范大学出版社，2017.

[6] 徐敏标. 中小学班级管理体制改革[M]. 南京：南京师范大学出版社，2012.

二、系列论文

[1] 齐学红. 班主任制度变革下的教师角色转变[J]. 中国德育，2019(24)：12－13.

[2] 齐学红，黄玲. 建构与重构：专业化视域下的班主任制度建设[J]. 教育科学研究，2019(12)：73－79.

[3] 齐学红. 知识—权力视域下大学与中小学合作关系的构建[J]. 教育发展研究，2019(8)：79－84.

[4] 齐学红. 基础教育改革与班主任道德领导力提升[J]. 教师发展研究，2018(2)：1－6.

[5] 齐学红. 学校德育与班主任专业成长[J]. 江苏教育，2018(39)：2.

[6] 齐学红. 从校长生活史透视学校变革：一项口述史研究[J]. 教育发展研究，2018(6)：6－11.

[7] 齐学红，李月. 班主任专业化的理论支持系统——班主任的“理论”从何而来？[J]. 教育科学研究，2017(10)：5－9.

[8] 齐学红. 基础教育改革的实践逻辑——对一所学校班级管理体制改革实验的解读[J]. 教育理论与实践，2017(5)：10－13.

[9] 齐学红. 未来班级发展走向与班主任核心素养构建[J]. 教育科学研究，2017(2)：19－21，30.

[10] 齐学红. 班级管理体制改革的创新实践——透视江苏省南京市N校的班级管理体制改革实验[J]. 教育科学研究，2016(10)：33－37，42.

[11] 钱铁锋. 培养有品位的未来公民[J]. 江苏教育，2014(23)：56－57.

[12] 钱铁锋. 漫谈基础教育的国际化[J]. 华夏教师，2014(3)：15－18.

[13] 钱铁锋. 大力推进班级教育小组制度建设——谈班级管理体制改革[J]. 中国德育，2011(3)：32－34，77.

[14] 钱铁锋. 加快课堂教学改革的步伐[J]. 基础教育参考，2010(2)：87－88.

[15] 黎鹤龄. “随园夜话”与班主任专业成长[J]. 江苏教育，2019(47)：18－19，22.

[16] 黎鹤龄. 教科研是第一教育力——钱铁锋教科研思想初探[J]. 华夏教师，2013(10)：22－24.

[17] 黎鹤龄. 班级管理体制改革与教师发展[J]. 江苏教育研究，2012(1A)：40－42.

[18] 张国其.实施理想教育的新途径[J].中国德育,2012(22):33－36.

[19] 杨学.班级家长团队建设的实践探索[J].江苏教育,2017(7):53－54.

[20] 束乾春,华莉.班主任负责制 vs 班级教育小组——江苏省镇江市润州区“班级管理体制改革”的思考和实践[J].江苏教育,2017(7):36－38.

三、媒体报道

[1] 颜莹.高扬理想旗帜　推进教育改革:与南京外国语学校仙林分校钱铁锋校长面对面[J].江苏教育研究,2009(7B):17－20.

[2] 南京:试点班级管理改革　取消单一班主任负责制[J].小学德育,2010(24):2.

[3] 李润文.给班主任限权　挑战“教”“育”两张皮[N].中国青年报,2010－12－04(2).

[4] 南京试点中小学班级管理改革[J].课程教材教学研究(中教研究),2011(Z3):84－85.

[5] 让教育回归:权力最大的校长　尊重规律的办学　回避不了的考试成绩——南京外国语学校仙林分校办学 10 年回顾[N].南京日报,2013－09－27(A05)

[6] 聚焦南外仙林分校的教育改革[N].南京日报,2013－09－27(A05).

[7] 孙红雨.钱铁锋:让每一个学生都放飞梦想[N].南京日报，2014－03－12(B08).

[8] 林清智.管理班级不仅是班主任的事　学生、家长和任课老师都要参与:镇江润州中小学试点方案已出炉,4 方组成“教育小组”,共同管理班级事务[N].现代快报,2013－01－10(F14).

[9] 黄科文.影响道德发展的三项制度及改革[J].中国德育,2013(24):40－42.

[10] 陈瑞昌,童凌翔.“微改革”让每个学生当“主人”[N].中国教育报,

2014 - 05 - 03(2).

[11] 李润文. 让每个孩子都受到关注和尊重[N]. 中国青年报，2014 - 04 - 13(1).

[12] 梁和峰，王云苏. 润州教育改革重新定义好学生[N]. 镇江日报，2014 - 01 - 24(1,3).

[13] 林飞，陈宇豪. 让每一个人都成“主人公”[N]. 江苏教育报，2014 - 04 - 30(1).